FRANZ ALT

UNSERE *einzige* ERDE

Eine Liebeserklärung an die Zukunft

Mit Fotografien von

HELFRIED WEYER

Patmos Verlag

Die Victoria-Fälle an der Grenze zwischen Sambia und Zimbabwe.
Der einheimische Name lautet Mosi-Oa-Tunya: »Rauch, der donnert«.

Gott, der Herr,
brachte also den Menschen
in den Garten Eden.
Er übertrug ihm die Aufgabe,
den Garten zu pflegen
und zu schützen.

GENESIS/1. MOSE 2,5

Von Zerstörung war
nicht die Rede!

Abend am Gehlandsee, Masuren, Polen.

Inhalt

Die Bahn der Sterne über der Sahara.
Langzeitbelichtung (sechs Stunden).

Im Anfang schuf Gott Himmel und Erde.
Und die Erde war wüst und leer,
und Finsternis lag über der Urflut;
und der Geist Gottes schwebte auf dem Wasser.
GENESIS/1. MOSE 1,1–2

Polarlicht (aurora borealis) in Nordnorwegen im Januar.
»Festlich strahlt das Nordlicht, es durchkreuzt die Bahnen der Sterne, es wächst, es schwindet, bald flammt es als grüner Strahl im Zenit auf, bald funkelt es in leuchtenden Fäden, bald wogt es in strahlenden Falten von Horizont zu Horizont ... und es ist nutzloses Mühen, diese märchenhafte ständig wechselnde Welt mit den gewöhnlichen Farben festhalten zu wollen, mit denen ein Künstler seine Bilder malt.«
Nikolai W.Pinegin, russischer Maler und Polarforscher

Und Gott sprach:
Es werde Licht! und es ward Licht.
Und Gott sah, dass das Licht gut war.
Da schied Gott das Licht von der Finsternis
und nannte das Licht Tag und die Finsternis Nacht.
Da ward aus Abend und Morgen der erste Tag.
GENESIS/1. MOSE 1,3–5

Frühes Morgenlicht über Snow Hill,
Antarktische Halbinsel.

Abend am Pinnacle Rock, Galapagos, Ecuador.

Abendlicht im Erg Ubari, Libysche Sahara.

Das »Teufelsloch« (Garganta del Diablo) der Iguazu-Fälle in Argentinien vor Sonnenaufgang.»Gott hat diese Wasserfälle und Stromschnellen zum Nutzen unserer armen Indianer geschaffen, denn die Spanier in ihrer unersättlichen Geldgier sind mit ihren großen Schiffen bis hierher gekommen, aber nicht weiter.« Missionar im 16. Jahrhundert

Und Gott sprach:
Es werde eine Feste zwischen den Wassern,
und die sei eine Scheidung zwischen den Wassern.
Da machte Gott die Feste
und schied das Wasser unter der Feste
von dem Wasser über der Feste.
Und es geschah also.
Und Gott nannte die Feste Himmel.
Da ward aus Abend und Morgen der andere Tag.

Und Gott sprach:
Es sammle sich das Wasser unter dem Himmel
an besondere Orte, dass man das Trockene sehe.
Und es geschah also.
Und Gott nannte das Trockene Erde,
und die Sammlung der Wasser nannte er Meer.
Und Gott sah, dass es gut war.
GENESIS/1. MOSE 1,6–10

Der Gullfoss auf Island wird auch »Der goldene Wasserfall« genannt.

Die Fumarolen Dallol in der Danakil-Senke, Äthiopien, gehören zu den farbigsten Landschaften der Erde. Ätzender Schwefel tritt hier aus Vulkanflanken und gestaltet diese Traumlandschaft.

Ein über 100 Meter langer Eisberg vor der grönländischen Ostküste wird von der Mitternachtssonne beschienen.

Kirchturmhohe Eisberge schwimmen weißen Kathedralen gleich vor der grönländischen Westküste. Grönland produziert die meisten und größten Eisberge in der nördlichen Hemisphäre.

→
Dieses junge Eskimomädchen trägt die landestypische Festtagstracht aus einem bunten Glasperlentop, Seehundfellhose und Stiefel aus Robbenhaut.

I
Die Herausforderung der Gegenwart

Die Felsgruppe »Hand der Fatima« in den Hombori-Bergen, Mali, im Vollmondlicht.

Sind wir noch zu retten?

Tiere und Pflanzen sterben einfach aus. Sie wissen nichts davon. Menschen haben als einzige Lebewesen ein Bewusstsein für Vergangenheit und für Zukunft. Wir kennen im Großen und Ganzen die Katastrophen unserer Vergangenheit. Deshalb sagte die Mehrheit der Deutschen nach 1945 »Nie wieder Krieg«. Diese pazifistische Grundbefindlichkeit hat sich tief im kollektiven Gedächtnis der Deutschen verankert. Wir waren nach dem Zweiten Weltkrieg lernfähig. Das waren wir nach dem Ersten Weltkrieg noch nicht. Aber nach 1945 gab es Hoffnung auf Zukunft!

Im Herbst 2005 hat der Hurrikan »Kathrina« New Orleans verwüstet. 1.400 Menschen starben – der wirtschaftliche Schaden betrug über 140 Milliarden Dollar. Schon drei Jahre später ist ein Großteil der Schäden behoben. Auch in New Orleans wächst wieder Hoffnung auf Zukunft.

An Weihnachten 2004 erlebte ich als Fernsehreporter die Ausmaße des Tsunami in Südindien. Am Indischen Ozean starben über 230.000 Menschen. Millionen wurden obdachlos. Nur zwei Jahre später war ich für Fernseh-Aufnahmen wieder in Südindien. Neues Leben wuchs aus den Ruinen. Wir filmten völlig neu aufgebaute Dörfer und Kinder, die zwei Jahre zuvor traumatisiert waren, aber jetzt wieder hoffnungsvoll in die Zukunft blickten.

Und 14 Jahre später, an Weihnachten 2018, schreibe ich diesen Text. Wir wissen, dass das Ziel, die Erderwärmung bis zum Ende dieses Jahrhunderts bei 1,5 Grad plus, höchstens aber bei zwei Grad, gegenüber 1990 zu stoppen, das sich die Weltgemeinschaft gegeben hat, wahrscheinlich verfehlt wird, wenn wir den Klimaschutz nicht endlich ernster nehmen. Es wird bis zum Ende unseres Jahrhunderts global eher fünf Grad wärmer als zwei. Ich möchte dann nicht mein Enkel sein. 2018 war das wärmste Jahr seit 1871. Die vier wärmsten Jahre dieser Zeit waren 2015, 2016, 2017 und 2018. Und seit 800.000 Jahren war es global nicht mehr so warm wie in 20. Jahrhundert.

Wer im Sommer 2018 aus dem Fenster schaute, spürte es: Die Klimakatastrophe kommt nicht, sie ist da! Schon 1972, Willy Brandt war Bundeskanzler, hat uns der *Club of Rome* die »Grenzen des Wachstums« aufgezeigt. Aber seither fährt die ganze Welt mehr und größere Autos, die Flugreisen haben sich verfünffacht, die Zahl der Menschen hat sich beinahe verdoppelt, wir brauchen dreimal so viel Energie. 2018 produzierten wir eine Billion (1.000 Milliarden) Plastiktüten und haben sie weggeworfen. Aber in den deutschen Medien war die Enttäuschung über eine verlorene Fußball-WM größer als die Umweltbelastung und der Klimawandel. Und wer an Silvester bei dieser Feinstaubbelastung noch immer viel ballert, hat einfach einen Knall. Allein in der Silvesternacht 2018 wurden durch die Böllerei ohne jeden Sinn und Verstand ein Siebtel der Feinstaubbelastung durch Autos während eines ganzen Jahres in die Luft geballert. Klar ist: Ohne Menschen ginge es der Erde besser.

Die Katastrophen der Menschheitsgeschichte in den letzten 10.000 Jahren waren zum Teil furchtbar – aber meist blickten die Betroffenen nach einigen Jahren wieder nach vorn. Immer wieder wuchs Hoffnung auf Zukunft.

Die heute absehbaren Katastrophen könnten ganz andere historische Dimensionen haben. Nach einem möglichen Atomkrieg – 2019 gibt es weltweit noch immerhin 26.000 atomare Sprengköpfe, und wir stehen vor einem neuen atomaren Wettrüsten – wären wahrscheinlich große Teile unseres Planeten für Jahrhunderte, vielleicht sogar für Jahrtausende unbewohnbar. Bisher konnten wir Menschen nach jeder Katastrophe »Trotzdem Ja zum Leben« (Viktor Frankl) sagen. Bestünde diese Überlebenschance auch nach einem Atomkrieg? Oder nach einer irreversiblen Klimakatastrophe?

Ein Vergleich, den eine neue Studie der Universität Oxford angestellt hat: Die Erwärmung der Ozeane entspricht der Erwärmung durch eine Hiroshima-Atombombe *je Sekunde* während der letzten 150 Jahre. Die aktuelle Erwärmung im Jahr 2019 entspricht sogar drei bis sechs solcher Atombomben pro Sekunde, weil die Wärmeentwicklung der Ozeane in den letzten Jahren stark gestiegen ist. Noch eine weitere Größenordnung im Vergleich: Die von den Meeren in den letzten 150 Jahren aufgenommene Wärme entspricht dem Tausendfachen des jährlichen Energieverbrauchs des gesamten Planeten. Die Erwärmung der Weltmeere ist gegenüber der Lufterwärmung das stärkere Klimarisiko. Deshalb werden zum Beispiel Meereszonen wie die Ostsee im Sommer schon heute zum Teil »Todeszonen«. Der Sauerstoffgehalt ist zeitweise so niedrig, dass Leben nicht mehr möglich ist. Deshalb waren 2018 an der Küste von Eckenförde zehntausende tote Fische angeschwemmt worden. Die Nordseeinsel Wangerooge, die östlichste bewohnte Insel Ostfrieslands, hat bei der Sturmflut 2018 85 Prozent ihres Hauptstrandes verloren. Der Klimaforscher *Mojib Latif* schrieb das Buch: »Das Ende der Ozeane« (2014).

Selbst die Juden konnten nach der größten denkbaren Katastrophe für ihr Volk nach 1945 »Ja« sagen zu einem Neuanfang in Israel, Ja zur Zukunft. Was aber wäre mit der Zukunft und mit der Hoffnung auf Zukunft nach einer großen Klimakatastrophe? Wir leben schließlich im Zeitalter des größten Artensterbens seit dem Verschwinden der Dinosaurier vor 65 Millionen Jahren. Jeden Tag rotten wir zurzeit etwa 150 Tier- und Pflanzenarten aus, wissend, dass die Natur 30.000 Jahre braucht, um *eine* neue Spezies zu schaffen.

Nach allem, was der *Weltklimarat* in sechs großen Studien vorsichtig vorherzusagen wagte, hätten wir es mit einer Katastrophe nie dagewesenen Ausmaßes in der Menschheitsgeschichte zu tun – ohne Hoffnung auf Zukunft für viele Generationen, vielleicht für Zehntausende von Jahren. In den letzten 40 Jahren diskutierte die Umweltbewegung die Verschmutzung der Meere, das Aussterben von Arten, das Abholzen von Tropenwäldern, die Vergiftung der Böden und Flüsse, das Verschwinden von Seen und Mooren. All diese Probleme könnten im Bewusstsein der Menschheit vielleicht in einigen Jahrhunderten wieder reparabel sein. Aber die vorhergesagte Klimakatastrophe mit einer globalen Erwärmung zwischen 1,8 und 6,4 Grad Celsius bis zum Ende des 21. Jahrhunderts – wäre auch sie reparabel und bis wann? Mit welchen Folgen müssen wir realistischerweise rechnen? Wie sieht die Welt unserer Kinder und Enkel aus in Zeiten der Klimaerhitzung, der zunehmenden Waldbrände wie zum Beispiel 2018 in Kalifornien oder ganz Europa, der Klimakriege, der Millionen Umweltflüchtlinge, des Anstiegs des Meeresspiegels, des Wassermangels für drei Milliarden Menschen, der schwankenden Niederschläge?

Der Journalist *Lincoln Steffens* (*1866–1936*) schrieb einmal: »Ich habe die Zukunft gesehen. Und sie funktioniert.« Er meinte die Sowjetunion – von ihr wissen wir heute, dass sie nicht besonders gut funktioniert hat. Also Vorsicht mit Prognosen. Die schlimmste Bedrohung unseres Planeten ist – neben der Klimaerhitzung und einem Atomkrieg – der Zusammenstoß unserer Erde mit einem Asteroiden. Dabei hätten wir nur eine geringe Überlebenschance. Die letzte große Kollision fand vor rund 65 Millionen Jahren statt und löschte die Dinosaurier und die meisten damals lebenden Arten aus. Der Astrophysiker *Stephen Hawking* (*1942–2018*) befürchtete: Wenn wir den Klimawandel nicht in den Griff bekommen, könnte langfristig auf dieser Erde ein Klima entstehen wie auf der Venus – »mit weit über 250 Grad Hitze«.

In einem schönen Kirchenlied heißt es: »Wir sind nur Gast auf Erden.« Benehmen wir uns auch wie Gäste auf diesem Planeten?

Fakt ist: Wir verbrennen heute an einem Tag so viel Kohle, Gas und Öl, wie die Natur in einer Million Tagen angesammelt hat. Das heißt: In der Relation eins zu einer Million Mal benehmen wir uns daneben und verletzen das uns von Gott gegebene Gastrecht. Damit missbrauchen wir massiv unsere Privilegien zu Lasten der Armen im Süden und auf Kosten der künftigen Generationen. Sie werden uns verfluchen, wenn wir so weitermachen.

Es rollt ein Tsunami auf uns zu. Aber wir verschließen die Augen, verstopfen unsere Ohren und verhalten uns sprachlos wie die berühmten drei japanischen Affen. Unsere Zeit gleicht einem Baum, dessen Wurzeln in der Luft hängen. Es bedarf einer neuen Verwurzelung oder Erdung mit Mutter Erde – einer *religio*, einer erdverbun-

Der Eisfjord bei Ilulissat in Westgrönland um Mitternacht.

denen, naturverbundenen, mütterlichen Religion, einer Rückbindung, die unserer Lebendigkeit förderlich ist.

Die Folgen *unseres* Tuns: der Klimawandel, das Artensterben, zunehmende Naturkatastrophen, jeden Tag weniger fruchtbare Böden, Versauerung der Ozeane, verstärkte Wüstenbildung, weltweiter Wassermangel und immer größere Flüchtlingsströme aus dem Süden. Der Klimawandel, so warnen die Bundeskanzlerin und der UNO-Generalsekretär übereinstimmend, ist die »Überlebensfrage der Menschheit«. Praktisch führen wir einen Dritten Weltkrieg gegen die Natur und damit gegen uns selbst, denn wir sind ein Teil der Natur. Weltweit verlieren wir jedes Jahr 24 Milliarden Tonnen fruchtbare Böden und werden zugleich immer mehr Menschen.

Sind wir noch zu retten? Vielleicht!

Wir müssen lernen, nicht länger gegen die Natur, sondern *mit* der Natur zu leben, zu wirtschaften und zu arbeiten. Es reicht auf dieser Erde für jedermanns Bedürfnisse, es reicht freilich nicht für jedermanns Habgier. Wir werden lernen müssen, unser Ego-Bewusstsein in ein Öko-Bewusstsein zu verändern. Die Energiewende wird dafür die Nagelprobe werden. In wenigen Jahren haben wir es hierzulande geschafft, aus fünf Prozent Ökostrom bereits 40 Prozent zu machen. Ein Beweis dafür, dass es geht und wie es geht. Wenn wir diesen Weg der Energiewende weiter beschreiten, dann können Deutschland und Europa in etwa 20 Jahren zu 100 Prozent erneuerbar sein. Mehr Gastfreundschaft auf dieser Erde heißt: mehr Rücksicht, mehr Vorsicht, mehr Weitsicht, mehr Klarsicht, mehr Zuversicht! Dass es auch anders und besser geht, beweisen Staaten, Bundesländer oder Inseln weltweit:

- Costa Rica und Island sind bereits heute zu 100 Prozent erneuerbar;
- auf dem Weg zu 100 Prozent erneuerbarem Strom sind Kalifornien, Rheinland-Pfalz oder Südaustralien und Inseln wie Cook Island oder El Hierro.

Diese Regionen zeigen, dass der komplette Umstieg auf erneuerbare Energien nicht nur möglich, sondern auch preiswerter ist als die alte Energieversorgung.

Seit Jahrzehnten haben wir Umweltministerien, Umweltverbände und Umweltpolitik. Aber kamen die vielen Aktivitäten auch der Umwelt zugute? Es gab sicherlich in Kalifornien, Deutschland und Österreich einige Verbesserungen, aber insgesamt und weltweit geht es der Umwelt heute schlechter als je zuvor in der Menschheitsgeschichte. Schon am Ende dieses Jahrhunderts werden wir um die elf Milliarden Menschen sein – gegenüber 7,7 Milliarden im Jahr 2019. Das heißt: Die immer weniger werdenden Ressourcen wie sauberes Wasser, reine Luft und fruchtbare Erde werden von immer mehr Menschen nachgefragt. Problemlösungen werden immer schwieriger, je länger wir damit warten.

Wissenschaftler haben errechnet, dass Deutschland noch in diesem Jahrhundert mit bis zu 800 Milliarden Euro Schäden rechnen muss, wenn es uns nicht gelingt, den Klimawandel durch eine Energiewende einzudämmen. In Ostdeutschland haben wir bereits heute um 20 Prozent weniger Niederschläge als im letzten Jahrhundert, was großen Stress für die Landwirtschaft, aber auch für Bäume und Wälder bedeutet. Viele Wälder in den neuen Bundesländern werden den Klimawandel nicht überleben. Und Wälder sind die wichtigsten und artenreichsten Biotope der Welt. Doch sie werden sterben.

Die Klimakatastrophe wird Verwüstungen und Klimakriege zur Folge haben, die außerhalb unseres bisherigen Vorstellungsvermögens liegen. Die Erhitzung des Klimasystems lässt sich an steigenden Luft- und Ozeantemperaturen, am Schmelzen der Gletscher und Permafrostböden und an steigenden Meeresspiegeln ablesen. Die Regenzonen und die Regenhäufigkeiten verschieben sich, die Wüsten breiten sich aus, extreme Wetterereignisse wie Hitzeperioden, Stürme, Starkregen nehmen auf allen Kontinenten zu – rechnen uns die Wissenschaftler des Weltklimarates Ende 2014 erneut vor. Daraus resultieren zunehmende Hungerkatastrophen, hauptsächlich südlich der Sahara und in Südostasien, ja sogar Kriege.

Die Klimaveränderung hat nicht nur ökologische, sondern auch soziale Auswirkungen. In einzelnen Regionen werden die landwirtschaftlichen Erträge schon in etwa zehn Jahren um 50 Prozent zurückgehen. Das Artensterben schreitet voran, und die Ozeane werden bald leergefischt sein. Krankheiten wie Malaria und Gelbfieber werden auch in Gegenden auftreten, die bislang davon verschont blieben. Die schlimmsten Folgen der absehbaren Klimakatastrophe werden die ärmsten Menschen in Afrika, Südasien und Südamerika treffen, die den Klimawandel am wenigsten verursachen. Diese zunehmende Ungerechtigkeit verschärft schon kurz- und mittelfristig die Konfliktpotenziale auf unserem Planeten. Durch den heftigsten Taifun, der je gemessen wurde, er tobte im März 2015 über den Inselstaat Vanuatu, wurden 100.000 Menschen obdachlos. Vanuatus Präsident: »Unser Paradies ist zerstört. Wir haben keine Zukunft mehr. Schuld ist auch der Klimawandel«. Diesen haben aber die reichen Länder verursacht. Und der Reichtum der westlichen Länder beruht historisch auf der Ausbeutung der heute armen Länder sowie auf Sklaverei und Kolonialismus. Wir haben viel zu viele Schulden gemacht bei Mensch und Natur. Und diese Schulden behindern heute die Entwicklung der noch armen Länder. Und führen zu Millionen Flüchtlingen.

Also nochmal: Sind wir noch zu retten? Vielleicht hilft uns sogar die Digitalisierung dabei – zumindest bei der Energie- und Verkehrswende kann sie eine große Hilfe sein. Die Ungleichheit zu überwinden, muss Teil des Rettungskonzeptes sein. Allerdings sollten wir bei der Digitalisierung auf ein leicht umgewandeltes Bibelwort achten: Macht euch die Maschinen untertan.

Dass der Irak-Krieg des *George W. Bush* im Wesentlichen ein Krieg um das zu Ende gehende Erdöl war, bestreitet heute in Washington kaum noch ein Politiker. Würden im Irak nur Bananen wachsen, dann stünde dort kein einziger US-Soldat. Der erste und zweite Irak-Krieg waren Kriege um die zu Ende gehenden Ressourcen, auf die die Industriestaaten noch existenziell angewiesen sind, solange sie ihren verschwenderischen Lebensstil nicht ändern. Das Verbrennen von Erdöl und Kohle aber heizt weiter das Klima auf. Schließlich waren die von den USA geführten Irak-Kriege die Voraussetzung dafür, dass der »Islamische Staat« (IS) mit amerikanischen Waffen so stark wurde. Das ist der »Erfolg« des Kriegs gegen den Terror. Ein erneuter Beweis dafür, dass mit Gewalt die Probleme unserer Zeit nicht zu lösen sind.

Drohen uns Klimakriege?

In Darfur, der westlichen Provinz des Sudan, waren wir Zeugen des ersten Klimakrieges der Geschichte. Seit der großen Dürre im Jahr 1984 sperren die sesshaften Bauern dort ihre Felder den Herden der Nomaden. Der Ausgangspunkt des Darfur-Krieges ist der Klimawandel. In Darfur ist die karge Regenmenge in den letzten 15 Jahren nochmals um ein Drittel zurückgegangen. Diese Öko-Katastrophe musste zum Streit zwischen sesshaften Bauern und wandernden Nomaden führen. Die Konflikte um Land und Wasser gaben der Regierung in Karthum den willkommenen Anlass, ihre berüchtigten Reitermilizen nach Darfur zu schicken. Beinahe 100.000 Menschen zogen als Umweltflüchtlinge durch das Land. Ähnliches gilt für den Syrienkrieg seit 2011.

Eine Studie der Vereinten Nationen aus dem Jahr 2007 stellte fest, dass Umweltprobleme in Verbindung mit Flüchtlingsströmen und Bevölkerungswachstum die Hauptursachen des Darfur-Krieges waren. Frieden wird nach über 25 Jahren Krieg im Sudan nicht möglich, solange sich die dortigen Umweltbedingungen nicht verbessern. Diese aber sind: Dürre, Entwaldung, Wassermangel und Wüstenbildung – hauptsächlich verursacht von den Industriestaaten im Norden. Armut und existenzielle Mängel wurden im Sudan durch den Klimawandel noch verstärkt. Es wird künftig viele »Darfur-Kriege« geben. Ökologische und soziale Probleme verweben sich immer unlösbarer miteinander.

Bei ökologischen Debatten kommt kaum zur Sprache, dass Kriegsparteien keine Rücksicht auf die Umwelt nehmen. In Afghanistan besteht nach 40 Jahren Kriegszustand die Gefahr, dass 80 Prozent des Landes durch Bodenerosion geschädigt werden. 70 Prozent der Wälder Afghanistans sind seit den Kriegswirren schon verschwunden, 50 Prozent der landwirtschaftlichen Flächen werden seit 1990 nicht mehr angebaut. Die Versalzung der Böden nimmt zu, die Fruchtbarkeit nimmt ab, der Grundwasserspiegel ist dramatisch gesunken, und die Wüsten breiten sich aus.

Im Vietnam-Krieg haben die USA über 3,3 Millionen Hektar Land- und Waldfläche mit giftigen Chemikalien überzogen: Die Böden wurden für Jahrzehnte geschädigt, die Wasserqualität gemindert und das Klima belastet.

Der Klimawandel verschärft bestehende Ungleichheiten zwischen armen und reichen Nationen und innerhalb der Gesellschaften. Umweltbedingte Wanderungen werden in den nächsten Jahrzehnten die Zahl der Umweltflüchtlinge von heute 24 auf wahrscheinlich 50 Millionen anwachsen lassen – schätzt die UNO.

Die Gefahr eines Kriegsausbruchs ist in einem Land, dessen Pro-Kopf-Einkommen unter 250 US-Dollar pro Jahr liegt, 15-mal größer als in einem Land mit einem Pro-Kopf-Einkommen von 5.000 US-Dollar. Die Vereinten Nationen gehen davon aus, dass in den nächsten Jahren etwa 60 Staaten in ihrer Existenz bedroht sind (»*Failed State Index*«) – der Sudan ist nur einer der am meisten bedrohten Staaten. Und der frühere Staat Somalia besteht faktisch bereits seit 15 Jahren nicht mehr. In vielen Staaten kann es – verursacht auch durch zunehmende Umweltbelastungen – zur Entgrenzung der Gewalt kommen. Die chaotische Situation kann – wie in Ruanda in den 1990er-Jahren – sogar zum Völkermord führen.

Der Anstieg des Meeresspiegels durch den Klimawandel kann zum Beispiel dazu führen, dass in Bangladesch 80 Millionen Menschen keinen Boden mehr unter den Füßen haben. Die Vorstellung, dass solche bevorstehenden Völkerwanderungen gewaltlos verlaufen könnten, ist politisch mehr als naiv. Bisherige Menschheitskatastrophen waren noch heilbar, künftige – wie der Klimawandel oder ein Atomkrieg – sind nicht mehr heilbar. Sie können unvorstellbar groß ausfallen, wenn es uns nicht gelingt, die ganz große Klimakatastrophe doch noch zu stoppen. Doch dafür haben wir, so die Prognose des Weltklimarats, nicht mehr als 15 Jahre Zeit.

Mit drei Transformationen werden wir heute gleichzeitig konfrontiert: mit der Globalisierung, der Digitalisierung und der Nachhaltigkeit. Alle drei verlaufen parallel und umfassen Themen wie Klimaerhitzung, Artensterben, Migration und Urbanisierung.

Welche Welt hinterlassen wir unseren Kindern?

Der Klimawandel und seine Folgen verändern die Existenzbedingungen der Menschheit an vielen Orten. Trinkwasser wird knapp, Dürren ruinieren viele Landwirte. Anderswo verursachen tropische Stürme immense Schäden. Niedrig liegende Regionen wie Bangladesch, pazifische Inseln oder Teile Afrikas, aber auch Städte wie Hamburg, Bremerhaven oder Kiel sind durch den ansteigenden Meeresspiegel als Folge der Eisschmelze existenziell bedroht. Die *University of California* hat errechnet, dass der Eispanzer der Antarktis in den 1980er-Jahren noch jedes Jahr 40 Milliarden Tonnen Eis verlor, aber in diesem Jahrzehnt 252 Milliarden Tonnen pro Jahr. Eine Versechsfachung in wenigen Jahrzehnten mit dramatischem Anstieg des Meeresspiegels. Die Folgen des Klimawandels zählen aber zunehmend auch zu den Ursachen von bewaffneten Konflikten. Zudem verstärkt der Klimawandel die Migration in Indien, Bangladesch, in Schwarzafrika, im Sudan und im Bereich des Tschadsees. Wasserknappheit kann zu Gewalt zwischen den Milliardenvölkern Indien und China führen. Schon heute versucht Indien mit Hilfe einer 3.000 Kilometer langen Mauer um Bangladesch, von dort Klimaflüchtlinge abzuhalten. An dieser Mauer sind in den letzten Jahren bereits zehnmal so viele Flüchtlinge gestorben wie an der innerdeutschen Grenze während des Kalten Krieges.

Wir müssen an dieser Stelle unserer Überlegungen nochmals fragen: Sind wir noch zu retten? Was haben wir mit Gottes guter Schöpfung im Industrie- und Atomzeitalter angerichtet?

Frühere Generationen, zum Beispiel die Kelten in Europa, die Indianer in Amerika, die Aborigines in Australien oder die Maori in Neuseeland, haben die Schöpfung und den Kosmos verehrt. Heute wird die Schöpfung gebraucht und verbraucht. Vom Urknall bis zum *homo sapiens* vergingen rund 13,5 Milliarden Jahre – wobei es in der Geschichte des Lebens auf ein paar Millionen Jahre nicht ankommt. Es entstanden Sonnensysteme, Galaxien, Sterne und Planeten, es entfaltete sich die Vielfalt der Arten, und es bildete sich das menschliche Bewusstsein. Und die Schöpfung geht weiter. Sie ist ein dynamischer Prozess. Unsere Gegenwart ist mit Sicherheit weder das Ende noch das Ziel der Entwicklung. Seit über 3,5 Milliarden Jahre existieren Mikroorganismen. Die ersten Vielzeller tauchen in den Meeren vor 650 Millionen Jahren auf, und 50 Millionen Jahre später entwickelt sich das erste Nervensystem. Vor 200 bis 300 Millionen Jahren erschienen die ersten Säugetiere, vor 60 Millionen Jahren die ersten Primaten. Unser menschlicher Stammvater, der *homo habilis,* entwickelt vor 2,5 Millionen Jahren die ersten Werkzeuge aus Stein, und schließlich erscheinen wir: die Leser/innen und die Autoren dieses Buches als *homo sapiens.* Und sogar als *homo sapiens sapiens.*

Die Mythen der Sieben-Tage-Schöpfung deuten darauf hin, dass der Schöpfer für den am vorletzten Tag geschaffenen Menschen alles gut vorbereitet. Es warten optimale und gute Bedingungen für ein lebenswertes und liebenswertes Leben auf dieser Erde. Alles weist darauf hin, dass wir Erwählte Gottes sind, denen er eine schöne Heimstatt und Heimat vorbereitet hat. Mit Zeit und Raum, mit Gestirnen über uns und Seelen in uns, mit Pflanzen und Tieren. Und alles hängt mit allem zusammen. Diese Erkenntnis nennen wir heute Ökologie. Wir sollen diese unsere Heimat hegen und pflegen.

Alle Geschöpfe sind gesegnet: Tiere und Pflanzen und Menschen bilden eine gesegnete Gemeinschaft – in unserem gemeinsamen Haus Erde eine Hausgemeinschaft. Ökologie, das Zusammenleben alles Lebendigen, hängt eng mit der Ökonomie, der Nahrungsbeschaffung, zusammen. Nur eine ökologische Ökonomie ist nachhaltig und hat Zukunft. Dies zu erkennen, dafür können wir nur beten: »Gib uns, Vater, mehr liebende Fantasie für alles Leben, mehr liebende Fantasie für deine wundervolle Schöpfung.«

Gott segnete alles Leben. Wir sind Gesegnete.

Staunen über die Wunder des Lebens

Wir wissen heute, dass wir gemeinsame Vorfahren haben mit Bakterien und Begonien, mit Fledermäusen und Fliegen, mit Bienen und Buchen. Alles hängt mit allem zusammen. Und, sagt *Albert Schweizer:*

»Leben ist Leben, das leben will inmitten von Leben, das ebenfalls leben will.«

Die Größe unseres Gehirns hat sich seit der Existenz unserer Spezies etwa verdreifacht. Unsere Intelligenz ist gewachsen – aber unsere Verantwortung? Mit dem Verstand allein kommen wir wohl nicht zur Vernunft. In den Zeiten des Finanzkapitalismus ist unser Leben durchökonomisiert. Der Erhalt unserer Lebensgrundlagen steht oft hinter den Kapitalinteressen zurück.

Seit 1970 ist laut *Living Planet Report 2014* die weltweite Fauna um 52 Prozent zurückgegangen. Die Zahl der Säugetiere hat sich seit den Siebzigern des letzten Jahrhunderts halbiert. Im Laufe von nur einem Jahr hat sich die Zahl der Schmetterlinge in den USA ebenfalls halbiert. Seit 1900 sind in China 90 Prozent aller Reissorten verschwunden, in Teilen der Karibik 90 Prozent aller Fischarten und in den USA 90 Prozent aller Obstsorten. Jedes Jahr verlieren wir weltweit bis zu 58.000 Tierarten – für immer, schreiben Wissenschaftler der *Stanford University* in »Science«. Verantwortlich für das Artensterben sei der Mensch. Hauptursachen: der Klimawandel, immer mehr Menschen, der steigende Pro-Kopf-Ressourcenverbrauch sowie der menschliche Einfluss auf den Stickstoff-, Phosphor- und Kohlenstoffkreislauf.

Zurzeit, sagen Wissenschaftler, sei das Artensterben so dramatisch wie beim letzten großen Artensterben vor 65 Millionen Jahren, als die Dinos verschwanden. Wenn diese Entwicklung nicht rasch gestoppt wird, dann könnten bis zum Jahr 2200 schon 75 Prozent allen Lebens ausgestorben sein.

Vor etwa 3.000 Jahren schrieben die Autoren des Alten Testaments in ihrem Schöpfungsbericht viermal die Behauptung: »Und Gott sah, dass es gut war.« Würden sie das heute wieder schreiben beim Anblick des Planeten im dritten nachchristlichen Jahrtausend?

Können wir das unheimliche Verschwinden von Insekten, Vögeln und Pflanzen noch aufhalten? Die Artenvielfalt gehört zu den Wundern der Natur. Doch warum vernichten wir, was wir lieben?

Vor Kurzem begegneten sich zwei Planeten im Weltraum, unser Heimatplanet Erde und ein anderer Planet. Der andere Planet fragt die Erde: »Hallo, liebe alte Erde – wie geht es dir?« »Nicht gut«, sagte die Erde, »ich habe *homo sapiens* an Bord.« »Mach dir nichts draus«, antwortet der andere Planet, »das vergeht wieder.« Das ist mehr als ein Scherz!

Am dritten Schöpfungstag, so berichten es die Mythen des Alten Testaments, sprach Gott: »Die Erde lasse junges Grün grünen: Pflanzen, die Samen tragen, und Bäume, die nach ihrer Art Frucht bringen auf der Erde, in denen ihr Same ist.« Der Schweizer Theologe *Kurt Marti (1921–2017)* spricht hier von der »Ökologie Gottes« und nennt Gott den »ersten Grünen« und Grün »die Farbe des Lebens und des lebendigen Atems«.

Dankbarkeit gegenüber dem Schöpfer und der Schöpfung wäre eine neue Sichtweise, die den gesamten Blick verändert. Dankbarkeit ist nicht nur für das Gedeihen des Individuums notwendig, sondern hat auch politische und gesellschaftliche Konsequenzen. Dankbarkeit schlägt Wellen. Das Gute an der Dankbarkeit: Sie ist jeder und jedem zugänglich, ob jung oder alt, ob Frau oder Mann, ob arm oder reich, ob Afrikaner oder Europäer. Am Anfang jeder Dankbarkeit steht die Erkenntnis, dass unser Leben ein Geschenk ist. Wenn wir dankbar sind, können wir anerkennen, dass die Quelle alles Guten außerhalb unseres Selbst liegt: bei Gott. Gut und Gott sind in der deutschen Sprache ebenso miteinander verwandt wie im Englischen: *God* und *good*. Dankbarkeit ist eine transformierende Kraft, ein Sprungbrett für Güte und innere Stärke. Man kann es üben, sein Gehirn auf Dankbarkeit zu trainieren, haben Hirnforscher herausgefunden. Auch »Denken« und »Danken« sind sprachlich miteinander verwandt. Dankbare Menschen sprechen oft von »Glück«, von »Fülle«, von »Freude«, von »Geschenk«, von »Hoffnung«, von »Liebe«, von »Geben« und von »Gabe«, von »Vertrauen«, vom »Reichtum des Lebens« und von der »Schönheit der Welt«. Nicht unbedingt von »Gott«.

Das Alte Testament kennt das Bilderverbot. Aber ohne Sprache können wir Menschen uns nicht verständigen. Ohne Sprache auch nicht dieses Buch. Doch sollten wir »bei Gott« den Mund nicht zu voll nehmen. Gott ist und bleibt das große Geheimnis. Im Wort Geheimnis stecken die Worte »heim«, »Heimat«, »daheim sein« oder »heimkommen«. »Gott« ist vielleicht das am meisten missbrauchte Wort aller Menschenworte. Mit diesem Wort wurden sogar Kriege angezettelt und gerechtfertigt. Über Gott können wir nur stammeln, stottern und staunen. Sprachlich können wir Gott nicht fassen. Worte wie »Allmächtiger«, »Herr« oder »Herrscher« sind viel zu klein und unbedeutend, um Großes und Bedeutendes zu fassen. Gott können wir allenfalls in poetischer Sprache näherkommen. Poetische Sprache: Das sind Worte der Wandlung, die uns wandeln wollen. Deshalb haben sich Dichter aller Religionen und Kulturen, ob Christ, Jude, Muslim, Buddhist, Hindu, Anhänger von Naturreligionen oder Atheist, mit dem befasst, was Gott und seine Welt ausmacht.

Gott als Geheimnis meint vielleicht: Jesus ist Mensch geworden, damit wir die Chance haben, menschlicher zu werden. Die einzige Religion, die Jesus und Buddha wirklich gemeint haben, ist ein gutes menschliches Herz. Barm*herz*igkeit ist der neue Name für Gott (Papst Franziskus). Das menschliche Herz ist die Sonne der Wahrheit, welche die Wolken der Düsternis verscheucht.

Kleiner Krater voller Magma in der Caldera des sehr aktiven Vulkans Erta Ale, Äthiopien.

Der Bryce Canyon in Utah, USA, vom Inspiration Point im Winter.
»Wenn wir der Erde etwas wegnehmen, müssen wir ihr auch etwas zurückgeben. Das kann etwas so Einfaches und zugleich so Schwieriges sein wie Respekt.« Jimmie C. Begay, Navajo und Publizist

Wenn wir der Stimme unseres Herzens lauschen, erkennen wir, dass diese Stimme eins ist mit unserem Selbst, mit uns selbst – mit unserer Seele. Und genau hier und genau jetzt haben wir die Chance, den Herzschlag des Göttlichen zu ahnen und zu spüren. Wir erleben die Wirklichkeit der Seele, die älter ist als unsere Ratio und unser Denken. Der irisch-keltische Mystiker *John O´Donohue* (1956–2008) nennt diese Realität: »Unsere Seele empfängt den Kuss Gottes.« Wir haben verlernt, auf das Echo unserer Seele zu achten, weil wir verlernt haben, auf unsere Träume zu achten und für unsere Träume zu danken.

Das Wort »Danke« gehört wie das Wort »Bitte« zu den Zauberwörtern unserer Kommunikation. Dankbarkeit verändert unser Leben und erfüllt uns mit Kraft und Vitalität. Ein Gefühl der Dankbarkeit kann uns inspirieren zur Lust auf Zukunft. Wir sollten nichts als selbstverständlich hinnehmen. Auch mir geht es immer wieder so: Erst wenn mich mal wieder eine Krankheit erwischt hat oder wenn ich mit behinderten Menschen zusammen bin, lerne ich aufs Neue Dankbarkeit für mein Gesundsein. Dankbarkeit lehrt uns, bewusst das Leben wertzuschätzen und damit mehr Glück, Trost und Zufriedenheit zu finden.

Dankbarkeit verändert das Leben

»Alles, was Odem hat, lobe den Herrn. Halleluja« (Psalm 150,6). Die Heiligen Schriften aller Religionen beinhalten Texte von Liebe, Frieden, Gewaltfreiheit, Gerechtigkeit und Dankbarkeit als ein Ja-Sagen zum Leben. In der Praxis der Dankbarkeit sind sich alle Religionen vielleicht am nächsten. Sie setzen wenigstens damit ein Zeichen ihrer Gemeinsamkeit.

Wer danken kann, ist glücklich.

Als der Benediktinerpater *David Steindl-Rast* eine Website über Dankbarkeit gestaltete, wurde daraus rasch eine »Samenbombe« – wie er es nennt. Sie fiel in der ganzen Welt auf fruchtbaren Boden: www.gratefulness.org. Es entstand das Netzwerk »Dankbar leben«. Tenor dieser vielleicht neuesten Weltbewegung: »Glücklich ist, wer dankbar ist.«

Die Kraft dieser Dankbarkeitsidee spricht Millionen Menschen aller Nationen und Religionen an. Es gibt wohl kaum einen Menschen, der in der Dankbarkeit keinen positiven Wert sieht. Dankbarkeit verbindet alle Menschen – über alle sozialen, kulturellen, ökonomischen, religiösen und Altersschichten hinweg.

Auch für ein Kind ist der Wert der Dankbarkeit leicht verstehbar. Und er ist allgemein anerkannt. Überall entstehen heute Dankbarkeitsgruppen, die sich miteinander vernetzen.

Warum Dankbarkeit? Weil das Leben in jeder Phase, in jedem Augenblick und in jedem Alter ein Geschenk ist. Niemand hat sich selbst erschaffen. Das Leben ist das größte Geschenk, das wir uns vorstellen können. Dankbarkeit ist sicher nicht alles, aber ohne Dankbarkeit ist alles nichts. In Dankbarkeit sind wir in jedem Augenblick mit allem Leben verbunden – auch mit tierischem, pflanzlichem und kosmischem Leben.

Dankbarkeit führt dazu, dass wir unser Leben bewusst wertschätzen lernen. Dankbarkeit führt zu Glück und Zufriedenheit – aber auch zur Erkenntnis, dass wir zum Glück nicht immer glücklich sein müssen. Dankbares Leben ist kreatives Leben. Und dazu gehört auch der Kampf für mehr Gerechtigkeit auf der Welt, der Kampf für Frieden und für mehr Liebe.

Der *XIV. Dalai Lama* meint: »Der Sinn unseres Lebens ist, dass wir glücklich werden.« Dieses Glück kann nur in Dankbarkeit erfahren und empfangen werden. Nur wenn ich dankbar bin, kann ich glücklich werden.

Eine US-Studie hat gezeigt, dass neben anderen Stärken, die in uns angelegt sind, keine so sehr wie die Dankbarkeit zu mehr Beziehungsfähigkeit und Wohlbefinden führt – auch nicht solche Hochkaräter wie Liebe, Güte, Kreativität und Hoffnung.

Dankbarkeit ist *die* Medizin für ein wahrhaftiges Leben: kostenlos, wirksam und nachhaltig. Dankbarkeit ist die »denkbar authentischste und ehrlichste Lebenseinstellung«. Sie ist eine neue und zugleich uralte Sichtweise, die das ganze Leben verändert. Sie ist die Religion des Lebens.

Zugleich ist das Zauberwort »Danke« das kürzeste und wirkungsvollste Gebet der Menschheit. Jede und jeder hat es schon selbst erfahren, dass dieses Wort Wunder bewirken kann. Die Praxis der Dankbarkeit ist jedem und jeder zugänglich. Sie versetzt uns in die Lage, uns nicht nur gut zu fühlen, sondern auch Gutes zu tun. *Deshalb:* Danke! Thank you! Merci! Grazie! Gracias! Xiexie! (chinesisch) Obrigado! (portugiesisch) Arigato! (japanisch) Spasiba! (russisch) Todah! (hebräisch) Taudi! (aramäisch) Gratias! (lateinisch) Sukrau! (arabisch).

Die Dankbarkeit rettet uns auch vor den Räubern unserer Lebensfreude. Sie wirkt sich positiv aus auf unser Immunsystem, auf unseren Hormonhaushalt, auf unsere Seelenruhe und auf unsere gesamte Gesundheit. Gelebte und reflektierte Dankbarkeit ist ein Stress-Killer.

Robert Emmons, Autor des großartigen Buchs »Das kleine Buch der Dankbarkeit« (2018, Originalausgabe *The Little Book of Gratitude,* 2016), animiert uns deshalb dazu, ein Dankbarkeits-Tagebuch zu führen, so wie uns Psychotherapeuten empfehlen, ein Traum-Nachtbuch zu schreiben. So können wir unser Hirn auf Dankbarkeit trainieren. Gelebte Dankbarkeit ist äußerst nützlich – ein Medikament ohne schädliche Nebenwirkungen. Schon die Lektüre dieses kleinen Buches von *Robert Emmons* erweckt Dankbarkeit und Lebensfreude. Es enthält eine Währung von globalem Wert.

Dass wir das Danken und das Staunen über die Wunder des Lebens vielfach verlernt haben, ist wahrscheinlich unser größter moralischer Defekt. Wir wissen zwar, dass die chemische Formel für Wasser H_2O ist – aber dass Wasser weit mehr ist als Chemie, haben wir verlernt. Wir wissen zwar, wie sich das Licht bricht und wie ein Baby und eine Pflanze wachsen, aber das Licht, das Baby und die Pflanze bleiben ein Wunder.

Dass Bäche und Flüsse die Lebensadern unserer Landschaften sind und unsere Seen die blauen Augen der Flure, ist uns aus dem Sinn gekommen. Doch Wälder sind die grünen Lungen unserer Heimat, und Moore sind Naturarchiv und CO_2-Speicher. Auch der Mensch braucht Naturoasen.

Wer nur Chemie und Physik versteht, versteht wahrscheinlich auch diese nicht. Der Philosoph und Theologe *Hans Urs von Balthasar (1905–1988)* wusste: »Alle Dinge kann man doppelt betrachten: als Faktum und als Geheimnis.« Ist es nicht grenzenloser Hochmut, dass wir alles, was uns scheinbar nichts nützt, als Ungeziefer und als Unkraut bezeichnen?

Das Staunen über das Geheimnis des Lebens haben wir weitgehend verlernt. Wir sind faktenversessen und geheimnisvergessen. Hierin liegt die wesentliche geistige Behinderung unserer Zeit. Deshalb bedanken wir uns auch nicht mehr bei der Erde, die uns trägt, und beim Wasser, das uns nährt. Wasser ist der wertvollste Rohstoff unseres Planeten.

Leben ist mehr als Chemie und Physik.

Der aktuelle Streit zwischen Darwinisten und Kreationisten über die »Schöpfung« ist schlicht überflüssig und manchmal albern. Die Evolution ist ein großes Spiel voller Zufälligkeiten. Doch das Zufallsprinzip, das uns in der Evolution millionenfach vor Augen steht, ist durchaus nicht chaotisch, sondern kreativ und schafft ständig Neues. Hinter jeder Kreation steht ein Creator, ein Schöpfer und/oder eine Schöpferin. Die Natur- und Schöpfungsgesetze setzen in ihrer Sinn- und Zielhaftigkeit einen Gesetzgeber voraus. Der Zufall ist in der Evolution nicht ziellos, sondern hat gesetzmäßige Züge. Allerdings: Die erforderlichen Anfangsbedingungen für ein Universum, wie wir es kennen, mit dem Urknall vor 13,5 Milliarden Jahren stellen nur eine von 10 hoch 10.120 Möglichkeiten dar – das ist die Zahl eins mit 10.120 Nullen!

Die Schöpfung ist noch voller Geheimnisse

Die Schöpfung hing und hängt an Milliarden von Milliarden seidenen Fäden. Der Schöpfer oder die Schöpferin muss ein Meister von unerschöpflicher Schöpferkraft gewesen sein. Natürlich gehören auch der Mensch und seine Fähigkeit zur Sinnsuche untrennbar zur Evolution. Wir Menschen sind Teil des evolutionären Werdungsprozesses. Wir können in Sprache und Musik, in Kunst und Religion, im Denken und Fühlen und in der Intuition neue Sinnzusammenhänge herstellen. Ob Darwinisten oder Schöpfungsgläubige: Bescheiden müssen wir uns eingestehen, dass der evolutionäre Prozess noch voller Geheimnisse für uns ist. Das Empfinden für das Geheimnis der außermenschlichen elementaren Großartigkeit eines Wassertropfens oder des Meeres, eines Atoms oder eines Hochgebirges ging uns bei all unserer Technikgläubigkeit verloren. Deshalb haben wir verlernt, den Wert der Dinge zu achten, die nichts kosten. Alle Geheimnisse der Natur sind offensichtlich, aber wir bemerken sie kaum noch. Das Ergriffensein über die Geheimnisse des Lebens ist vielleicht eine Vorahnung der Ewigkeit.

Wir brauchen ein radikal neues Verhältnis zur Natur, zur beseelten Natur. Spätestens durch den Dürresommer 2018 kam für viele Mitteleuropäer der Klimawandel auch hierzulande an. Durch den Klimawandel sind 60 Prozent aller Kaffeearten vom Aussterben bedroht. Das haben Forscher der *Royal Botanic Gardens* in England errechnet. Kaffee ist eine beliebte, aber empfindliche Pflanze. Kaum ein Kaffeetrinker weiß, dass es 124 wilde Kaffeepflanzen gibt – die meisten im tropischen Afrika. Laut dieser Studie werden allein in Äthiopien etwa zwei Drittel der Kaffee-Anbaugebiete von vier Millionen Kleinbauern bald verloren sein.

Ohne ökologische Spiritualität wird uns wahrscheinlich ökologische Politik nicht gelingen. Moderne Schöpfungsspiritualität kann sich auf die jüngsten wissenschaftlichen Erkenntnisse über die Entstehung des Alls und des Lebens auf der Erde stützen und so seelische Verarmung und Orientierungslosigkeit heilen.

Schöpfungsspiritualität bietet uns die Gaben und Geschenke der Weisheit, schenkt Lust auf Zukunft und eröffnet neue Wege einer sinnvollen Lebensgestaltung. Immer mehr Gruppen, die so fühlen und denken und arbeiten, vernetzen sich auf der ganzen Welt, schließen sich in Genossenschaften zusammen und entwickeln ein Mitgefühl für Gerechtigkeit, Frieden, die Bewahrung der Schöpfung und für den Erhalt des Lebens auf der Erde. Im Mitgefühl, heißt es im Psalm 85,11, »küssen sich Gerechtigkeit und Frieden«. Unser Handeln ist mitfühlend, wenn es sich ergibt aus unserer wechselseitigen Verbundenheit. Was nur unseren Kopf berührt, aber nicht auch unser Herz erreicht, verwandelt uns nicht. In der Schule des ökologischen Jesus hat uns vor 800 Jahren der heilige *Franziskus von Assisi* in seinem unvergleichlichen Sonnengesang ahnen lassen, was ökologische Spiritualität sein könnte:

Sei gelobt, mein Herr, durch Schwester Sonne …
Sei gelobt, mein Herr, durch Bruder Wind …
Sei gelobt, mein Herr, durch Schwester Wasser …
Sei gelobt, mein Herr, durch unsere Schwester, Mutter Erde …

Das Einheitserlebnis aller Mystiker aller Religionen ist, dass sie das Göttliche in *allem* erkennen. Die indischen *Upanischaden* sagen es so:

Gott schläft in den Steinen,
duftet in den Pflanzen,
träumt in den Tieren
und will in uns Menschen erwachen.

Weil Gott dynamisch ist wie seine Schöpfung, müssen auch wir suchend und lernend und unaufhörlich fortschreiten, wenn wir ihm näherkommen wollen. Eine öko-soziale Marktwirtschaft ist in den Zeiten der ökologischen Krise, des dramatischen Artensterbens und der weltweiten Ungerechtigkeit eine Wirtschaft mit menschlichem Gesicht. Sie ist vergleichbar notwendig mit der sozialen Marktwirtschaft in Deutschland nach dem Zweiten Weltkrieg. Diese hat damals beispielhaft für die ganze Welt wirtschaftlichen Aufschwung und sozialen Fortschritt miteinander verbunden.

Unsere Geschwister Sonne, Wind, Wasser und Erde zeigen uns den Weg ins solare Zeitalter. Die Natur schenkt uns alles, was alle Menschen zu aller Zeit brauchen. Auf einer spirituellen Ebene freilich müssen wir die Geschwisterlichkeit und Göttlichkeit alles Lebendigen verstehen lernen. Dann wird Rettung und Heilung die logische Konsequenz sein. Die Reichen auf der ganzen Welt leiden vor allem an seelischer Verarmung. Ihre »Wirtschaft tötet«, klagt *Papst Franziskus* zu Recht. Jeden Tag sterben etwa 20.000 Menschen an Hunger auf dieser reichen Welt.

Geradezu revolutionär wirkt 2015 die Umwelt-Enzyklika *»Laudato Si«* des Reformpapstes *Franziskus*. Sie beklagt deutlicher als je zuvor ein anderes kirchliches Dokument die Schröpfung der Schöpfung: »Niemals haben wir unser gemeinsames Haus so schlecht behandelt wie in den letzten zwei Jahrhunderten.« Franziskus fordert nicht weniger als eine »ökologische Umkehr«. Die globale Erhitzung werde drastische soziale und politische Folgen haben, sie werde hauptsächlich die Armen treffen und Flüchtlingsströme verursachen. Sie werde aber auch die Reichen erwischen, wenn sie ihre Herzen verhärten, ihre Grenzen dicht machen und gnadenlos die Inseln ihres Wohlstands verteidigen.

Franziskus: Wir brauchen deshalb eine neue, ganzheitliche Sicht des Lebens – Wasser dürfe so wenig zum Objekt der Spekulation werden wie Regenwälder oder die menschliche Arbeitskraft. Natur dürfe nicht zum Objekt der Ausbeutung werden. Grenzen des Wachstums müssen beachtet werden. Vor allem die Wohlhabenden müssen ihren Lebensstil ändern. Diese Enzyklika ist keine Weltuntergangsprophetie, der Papst bleibt ein frommer Optimist. Wenn aber bisher galt: »Macht euch die Erde untertan«, so soll künftig gelten: Macht euch *der* Erde untertan.

Ministerpräsident *Bodo Ramelow:* »Für den Papst besteht ein enger Zusammenhang zwischen brutaler Umweltzerstörung und massenhafter Armut.« Die ökologische und soziale Krise unserer Zeit sind für den Papst nur Symptome einer tiefer liegenden Krankheit. Diese heißt: Gier. Die Arznei heißt: Empathie. Diese Ressource brauchen wir im 21. Jahrhundert dringender als Seltene Erden oder Künstliche Intelligenz, die wir aber auch brauchen.

Konservative Christen, vor allem in den USA, haben versucht, diese Enzyklika zu verhindern. Für sie sind der Klimawandel oder auch die Armut Gottes Wille und daher nicht zu verhindern. Das ist in Wirklichkeit Gotteslästerung. Der ökologische Jesus war Zimmermann, Poet, Mystiker und Gottsucher. Jesus, Buddha und Mohamed lehrten übereinstimmend, dass Mitgefühl und Nächstenliebe wichtiger sind als religiöse Bekenntnisse, die tatsächlich oft nichts anderes als ideologische Verirrungen und dogmatisierte Verwirrungen sind.

Diese Enzyklika ist ein wahres kirchenpolitisches Wunder, so wie das Pariser Klimaschutzabkommen ein politisches Wunder war. Sie ist ein politischer Sonnengesang des Papstes in der Tradition seines mittelalterlichen Vorbildes, des heiligen *Franziskus von Assisi*. Der Papst fordert den raschen Umstieg auf erneuerbare Energien. *»Laudato Si«* steht für politischen Widerstand, für Konsumverzicht und Protest gegen Ausbeutung von Mensch und Natur sowie für einen Umbau des globalen Wirtschaftssystems. Im Tonfall eher romantisch, in der Analyse sehr radikal. Zum Artensterben schreibt der Papst: »Unseretwegen können bereits tausende Arten nicht mehr mit ihrer Existenz Gott verherrlichen noch uns ihre Botschaft vermitteln.« Franziskus wendet sich nicht nur an Christen, sondern an »alle Menschen guten Willens«. Er beklagt die »achtlose Wegwerfkultur«, aber auch den »entfesselten Markt«. Der Markt hat keine Seele. Seine Sprache ist einfach, aber wissenschaftlich auf der Höhe der Zeit. Er ließ sich von deutschen Klimaforschern beraten und inspirieren.

Der Meeresbiologe und Klimaexperte *Mojib Latif:* »Ich bewundere den Papst für diese Enzyklika.«

Der 7.728 Meter hohe Gurla Mandhata hinter dem heiligen Manasarovar-See in Westtibet. Sven Hedin schwärmte von dieser Gegend und nannte sie »die schönste Landschaft auf Erden«.

Jutta Sundermann von *Attac* Deutschland: »Der Papst hat einen Coup gelandet. Schon der Titel! Ich habe erlebt, wie Teenager ihre Nichtbegeisterungsbereitschaft beiseitelegten, wenn sie ›Laudato si‹ sangen. Vielleicht wird das Lied die Hymne der jungen lebensbejahenden, widerspruchsbereiten Umweltbewegung.«

Die moderne Tiefenpsychologie und die Erkenntnisse der Psychotherapie lehren uns, dass Heilung und Umkehr immer möglich sind. Sie sind keine Frage von Sünden und Schuld, sondern eine Frage von Selbsterkenntnis und einer Perspektive nach vorn. Das gilt natürlich auch für die größte unserer heutigen Krisen, die Krisen unserer Lebensgrundlagen. Die Fragen nach Heilung finden überraschende Antworten beim ökologischen Jesus, hauptsächlich in seinen Geschichten und ökologischen Bildern vom Sämann und Acker, von der Sonne und dem Samen, von Engeln und Eseln, vom Regen und vom Reifen. Jesus lehrte, dass Leben Beziehung ist: »Ich bin der Weinstock. Ihr seid die Rebzweige.«

Der ökologische Jesus

Dieser ökologische Jesus lehrt, dass es nur *eine* wirkliche Religion gibt: ein gutes menschliches Herz. Und dass es jetzt in den Zeiten der Globalisierung nur *ein* ethisches Hauptgebot gibt: Kooperiere zum Wohle aller Menschen und aller Lebewesen. Nicht Konfrontation, Kooperation macht unser Menschsein aus. Glaube, Hoffnung, Liebe sind auch die Tugenden einer grenzüberschreitenden Ethik. Der *XIV. Dalai Lama* fügt hinzu: Ethik ist wichtiger als die klassischen Religionen, deren »heilige« Schriften oft auch Anlass und Anleitung zu Gewalt sind. Im Atomzeitalter kann uns nur eine globale Ethik vor dem Ende unseres Hierseins bewahren. Eine Ethik, der Religiöse und Nicht-Religiöse, Atheisten und Agnostiker zustimmen können. Die klassischen Religionen haben schon immer die Menschen getrennt, eine globale Ethik, ein globales Mitgefühl, eine globale Achtsamkeit verbindet.

Gier macht seelisch krank.

Die Basis einer jeden ökologischen Wandlung ist Urvertrauen in die Schöpfung. Es geht heute um Schöpfungsfrieden, der in der Teilhabe des Menschen an Gottes Schöpfung seinen tiefsten Sinn findet. Ein moderner Arbeitsbegriff, der viel Frust an den heutigen Arbeitsverhältnissen überwinden helfen und zur Lust an Arbeit führen kann, könnte so heißen: Arbeit ist Teilhabe an der Schöpfung. Das ist der Urgrund meiner engagierten Mitarbeit an einem neuen Zeitalter – auch noch mit über 80 Jahren. Diese Erkenntnis und diese Übung ist eine riesige Bereicherung. Wenn wir diese Zusammenhänge erkennen, können wir auch leichter die heute so weit verbreitete Gier überwinden.

Unser Schöpfungsauftrag heißt nicht Gier, sondern Liebe. In Genesis/1. Mose 2,18 finden wir den Satz: »Es ist nicht gut, dass der Mensch allein sei.« In dieser zweiten Schöpfungsgeschichte, vermutlich aus dem sechsten Jahrhundert v. Chr., schafft Gott von Anfang an Menschen in der Mehrzahl, »als Mann und Frau« schuf er sie. Es heißt auch, dass uns Gott nach seinem Bilde erschaffen hat. Wir sind also Kinder Gottes. So ist – ganz logisch – auch Gott Mann *und* Frau, Vater *und* Mutter. So hat es auch Papst *Johannes Paul II.* gesagt. Leider haben die Kirchen diesen weiblichen, mütterlichen Aspekt des liebenden Gottes lange Zeit verdrängt, verleugnet und vergessen. Das ist die Tragik des kirchlichen Gottesbildes bis heute. Wenn Gott aber Schöpfer *und* Schöpferin ist, Befreier *und* Befreierin, Vater *und* Mutter, dann ist Gott – wie es im Johannesevangelium so kurz und treffend heißt – *Liebe.*

Die Bergpredigt kann Berge versetzen

Für mich als Journalisten, Publizisten und Vortragsredner ist die entscheidende Frage: Welche politischen Zukunftsideen bestimmen die geistige Hegemonie in unserer Gesellschaft? Aus welchen spirituellen Quellen wollen wir schöpfen, wenn die große Transformation gelingen soll? Die notwendige Kraft, sich für die dringende Wende einzusetzen, kommt von oben und von innen. Dafür bedarf es vor allem der Empathie für unsere Kinder und Enkel. Liebe ist dabei das belebende und lebensspendende Element.

Die Weisheitslehren und Religionen, aber auch Kunst und Literatur sind voll von überzeugenden und erfolgreichen Beispielen. In *Mozarts* »Zauberflöte« heißt dieser Zauber der Verwandlung so: »Zwei Herzen, die von Liebe brennen, kann Menschenohmacht niemals trennen. Verloren ist der Feinde Müh, die Götter selbst beschützen sie.« Ein bedeutendes Kunstwerk zum Thema Wandlung. Die Zauberflöte ist ein therapeutisches Werk so wie die Bibel und andere heilige Schriften – eine Anleitung zur Umkehr und zum Wandel. Selbst unter der härtesten Oberfläche besteht Hoffnung auf Wandel.

Diese Hoffnung wird genährt von der göttlichen Sehnsucht nach Liebe, Frieden und Gerechtigkeit. Wir alle sind Kinder dieser göttlichen Sehnsucht. Diese Sehnsucht lebt auch in jedem von uns. Genau deshalb besteht immer die Hoffnung auf Veränderung, auf Wandlung und Transformation. Diese Hoffnung lebt in uns und ist der Urgrund aller Kreativität. Und diese Kreativität eröffnet uns innere Landschaften der Seele, in denen wir Heimat finden. Ehe etwas werden kann, muss es erträumt werden.

Am Anfang ist der Traum. Alles, was ist, war am Anfang eine Möglichkeit. Frieden ist möglich, Liebe ist möglich, Gerechtigkeit ist möglich, eine bessere Welt ist möglich. »Am Anfang war das Wort« oder die Idee oder der Traum oder der Geist oder Gott. Der Mensch ist ein individuelles *und* ein soziales Wesen. Deshalb heißt Leben immer auch Dazugehören. Wir sehnen uns nach Zugehörigkeit – *belonging* im Englischen – und nach Wandlung – *becoming* im Englischen. Wenn wir uns zugehörig fühlen, wird unser Herz ruhig und unsere Seele still.

Auch die Bergpredigt, in der Jesus die Sanften und die Friedensstifter »selig« preist, ist ein Buch der Wandlung. Wir haben die Geheimnisse des Atoms entschleiert, doch die Weisheit der Bergpredigt vergessen. Die Bergpredigt kann Berge versetzen. Technisch sind wir Riesen, doch ethisch Zwerge, die davon überzeugt sind, dass »man« mit der Bergpredigt nicht regieren kann. Als hätten wir das je probiert. Wir sind fähig, Atombomben und Atomkraftwerke zu bauen, aber kaum in der Lage, diese wieder abzuschaffen. *Homo sapiens?*

Der Wunsch, uns zu verändern, taucht oft auch in unseren Träumen auf. Deshalb habe ich in den letzten Jahrzehnten mehr als 2.000 Träume aufgeschrieben. Träume sind nach meiner langen Erfahrung wie eine in uns eingebaute Hausapotheke, freilich ohne jede böse Nebenwirkung. Träume können Warnsignale und Stoppschilder sein, Wegweiser in eine andere Richtung als die bisherige. In den Träumen auch vieler Erwachsener lebt das »innere Kind« weiter, will wachsen und stärkt die Hoffnung, dass das letzte Kapitel der Menschheit weder die atomare Apokalypse noch die Klimakatastrophe sein muss. Unsere seelischen Qualitäten befähigen uns, die Umwelt zu retten wie auch Frieden zu organisieren und für eine gerechtere Welt zu arbeiten.

Der kleine See Um el-Ma gehört zu den Mandaraseen in der libyschen Sahara, einem landschaftlichen Juwel mitten in der größten Wüste.

Auch *Goethes* »Faust« oder *Dantes* »Göttliche Komödie« sind Bücher der Wandlung und Umkehr und mögliche Hilfestellungen für eine Schöpfungsspiritualität.

Ich kann nur ernten, was ich säe. Und: Ich muss die Folgen meiner Taten und auch meiner Nichttaten tragen. Sie holen mich grundsätzlich ein. Das heißt zum Beispiel: Wer Zehn-Liter-Autos fährt, bekommt Klimaflüchtlinge. Punkt! Das kann gar nicht anders sein. Oder: Wer Atomkraftwerke baut, darf sich über Atomunfälle nicht wundern. Ohne diese Erkenntnisse ist die Zerstörung des Planeten wahrscheinlicher. Das Schicksal der Menschheit muss nicht das Chaos sein, aber es kann das Chaos sein. *Michail Gorbatschow:* »Wenn wir die ökologische Krise nicht meistern, dann erübrigen sich alle weiteren Überlegungen für das 21. Jahrhundert.«

Lehrer wie Jesus, Buddha oder Gandhi waren davon überzeugt, dass Gewaltfreiheit die stärkste Kraft auf dieser Erde ist. *Ahimsa,* Gewaltfreiheit, ist die größte Macht, die uns Menschen zur Verfügung steht. Der Mensch lebt nur dann in Freiheit, wenn er auch bereit ist, durch die Hand seines Bruders zu sterben, niemals aber dann, wenn er seinen Bruder tötet. Gewaltfreiheit ist die Kraft des Göttlichen in uns, so Gandhi. Was meint denn Jesus mit Feindesliebe? Bestimmt nicht, dass wir uns alles bieten lassen sollen. Naiv war der wundervolle junge Mann aus Nazareth sicher nicht. Die Antwort finde ich im apokryphen Thomas-Evangelium: »Dein Feind, er ist wie du.« Wenn ich also mit meinen »Feinden« auskommen will, muss ich versuchen, klüger zu sein als sie. Genauso, wie es *Michail Gorbatschow* beispielhaft vorgemacht hat. Vielleicht haben wir nur dank seiner klugen Politik der »Feindesliebe« überlebt. Jeder Mord ist ein Verbrechen an der Menschlichkeit. Gorbatschow, der frühere Kommunisten-Chef, zitierte häufig die Bergpredigt Jesu. Er war wohl der klügste aktive Politiker des 20. Jahrhunderts, ein Menschenfreund im Sinne des Bergpredigers.

Die Erde war einmal eine wunderbare Wohnstatt mit sauberer Luft, reinem Wasser und gesunden Böden. Die Bilder von *Helfried Weyer* in diesem Buch schenken uns noch mal eine Ahnung davon. Die Schöpfungsgeschichte des Alten Testaments – in diesem Bildband nachzulesen, nachzusehen und nachzuempfinden – ist eine der eindrucksvollsten, nachdenkenswertesten und nachhaltigsten der Weltliteratur. Gott schuf Licht und Land, Tag und Nacht, Meere, Wälder und Wiesen, Gras und Sonne, Mond und Sterne, Menschen und Tiere und fruchtbaren Boden. Danach sah er, »dass es gut war«. Der Philosoph *Voltaire* meinte: »Wenn Gott nicht existierte, so müsste man ihn erfinden; aber die ganze Natur ruft uns zu, dass er ist.«

Und heute? Was empfinden wir? Und vor allem, was tun wir?

Die ökologische Tagesschau

Wenn es am Tag, an dem Sie dieses Buch lesen, ausnahmsweise einmal eine ökologisch realistische Tagesschau geben würde, dann müssten meine Hamburger Kolleginnen und Kollegen Folgendes sagen:

Auch heute

- haben wir wieder 150 Tier- und Pflanzenarten ein für alle Mal ausgerottet. Die Natur braucht 24.000 Jahre, um eine neue Spezies zu schaffen. Aber wir Menschen haben dafür gesorgt, dass das Artensterben heute etwa 1000-mal schneller stattfindet, als es die Natur vorgesehen hatte. Wir spielen Evolution rückwärts. Nie hat eine Generation vor uns Gott so ins Handwerk gepfuscht, wie wir dies heute tun. Von einer effektiven Tierethik sind wir weit entfernt;

- haben wir wieder wie an jedem Tag 30.000 Hektar Wüste zusätzlich geschaffen. Wir verwüsten unseren schönen Planeten im wahrsten Sinne des Wortes. Zu meiner Schulzeit war Wüste identisch mit Afrika. Unsere Kinder haben in ihrem Geografie-Unterricht gelernt, dass die Wüstenbildung in Südeuropa angekommen ist. Und wenn die Verwüstung so weitergeht, dann liegt auch Mitteleuropa irgendwann in der Wüste;
- haben wir wie an jedem Tag 86 Millionen Tonnen fruchtbaren Boden verloren – hauptsächlich durch Wind- und Wassererosion – und sind zugleich beinahe eine Viertelmillion Menschen mehr geworden. Haben wir noch die Fantasie, uns vorzustellen, wohin unsere Reise geht, wenn es nicht gelingt, diese Entwicklung zu stoppen? Die Weltgemeinschaft hat sich drei Ziele gesetzt: Der Verlust des Artensterbens soll gestoppt werden, die Klimaerwärmung soll auf höchstens zwei Grad ansteigen, und jeder Mensch hat das Recht auf ausgewogene Nahrung. Ohne fruchtbare Böden kann jedoch keines dieser Ziele erreicht werden. Zurzeit betonieren wir in Deutschland täglich etwa eine Fläche von 100 Fußballfeldern zu;
- haben wir wie an jedem Tag 150 Millionen Tonnen Treibhausgase in die Luft geblasen. Hauptursachen: das Verbrennen von Kohle, Gas, Öl und Benzin. Nochmal: Wir verbrennen an einem Tag, was die Natur in einer Million Tagen an Kohle, Gas und Erdöl angesammelt hat. Das heißt: Wir verstoßen in der Relation von ein zu einer Million Mal gegen das Überlebensgesetz der Nachhaltigkeit.

Unser Planet ist ein Paradies im Licht der Sonne.

Und in dieser Situation empfehlen die meisten Politiker und Ökonomen das Rezept: »Wachstum, Wachstum, Wachstum«. Wer aber glaubt, unendliches Wachstum könne in einer endlichen Welt unsere heutigen Probleme lösen, »ist ein Wahnsinniger oder ein Wirtschaftswissenschaftler«, sagte der US-Wissenschaftler *Kenneth Boulding* (*1910–1993*) schon 1973 vor dem US-Kongress.

Vor 150 Jahren hatte *Charles Darwin* das Spiel des sinnlosen Zufalls an die Stelle eines sinnvollen göttlichen Plans gesetzt. Der Garten Eden also nichts anderes als eine globale Lotterie? Danach hätten wir bald ausgespielt!

Doch inzwischen wird Darwins Evolutionstheorie auch von Evolutionsbiologen, Molekularbiologen und Paläontologen infrage gestellt. Die heutige molekularbiologische Forschung zeigt zumindest, dass dem Zufall Grenzen gesetzt sind. Das wilde Los des Lebens waltet nur in den engen Grenzen, welche die Gene gestatten.

Bakterien gibt es auf unserer Erde schon über 3,5 Milliarden Jahre. Der *homo sapiens* aber lebt erst seit etwa 200.000 bis 300.000 Jahren auf diesem Planeten. Wir sind Spätankömmlinge. Dafür aber treiben wir es umso bunter und pfuschen der Evolution oder der Natur oder dem lieben Gott kräftig ins Handwerk. »Lebenstüchtigkeit, nicht Perfektion, ist, was zählt in der Evolution«, meint der Wissenschaftsjournalist *Stefan Klein*. Wie lebenstüchtig also ist *homo sapiens?*

Ohne Menschen ginge es dem Planeten wahrscheinlich besser. Wir leben heute in den Industriestaaten so, als hätten wir noch einige Planeten in Reserve. Wenn alle 7,6 Milliarden Menschen sich benähmen wie wir, dann würden die Naturschätze von fünf Planeten dafür nicht ausreichen. Wenn wir in etwa 70 Jahren – wie gesagt – wahrscheinlich über 9 Milliarden Menschen sind, dann werden sie alle so oder so ähnlich leben wollen wie wir.

Die Klimaerhitzung ist auch eine Bedrohung für die Sicherheit und Stabilität aller Staaten. Jene Länder sind besonders gefährdet, die schon heute von Spaltung, Bürgerkrieg oder anderen inneren Konflikten betroffen sind. Der Klimawandel ist hier ein weiterer Konflikttreiber. Hinzu kommen – wie in mehreren afrikanischen Ländern – lokale Ressourcenkonflikte, zum Beispiel im Kongo, in Nigeria oder im sudanesischen Darfur. Auch grenzüberschreitende Wasserkonflikte können Verteilungskämpfe auslösen – zum Beispiel am Nil, am Ganges, am

Indus sowie auch am Euphrat und Tigris oder am Mekong. Am Jordan kommt es seit Jahrzehnten zu Wasserkonflikten zwischen Israel und Palästina. Die Klimaerhitzung verstärkt auch diesen Konflikt. Der Klimawandel ist auf mehreren Kontinenten ein immer wichtiger werdender Fluchtfaktor.

Der Klimawandel hat dramatische Auswirkungen auf das Zusammenleben von Staaten und Gesellschaften. Klima- und Friedenspolitik gehören zusammen. In der Friedensforschung spielen Umwelt und Klima als kriegstreibende Faktoren eine immer wichtigere Rolle. Globale Umweltprobleme sind ein großes Sicherheitsrisiko. Aber globale Probleme haben meist lokale Ursachen.

Wir Nestbeschmutzer

In dieser Situation meinen immer mehr Menschen, wir sollten uns darum bemühen, eine Heimstatt im Weltraum zu finden. Wieso aber nach den Sternen greifen? Wir leben doch auf einem wundervollen Planeten. Unser Heimatplanet schwebt in einem sehr lebensfreundlichen Kosmos. Ob es uns wirklich etwas nützen würde, den Mars zu gewinnen, wenn wir zuvor die Erde verlieren? Wie weit und wie lange müssten wir fliegen, um eine zweite Erde zu finden?

Stephen Hawking, der überzeugt war, dass wir eines Tages den Kosmos besiedeln werden, musste zugeben, dass wir über 100.000 Jahre bräuchten, um einen bewohnbaren, erdähnlichen Planeten zu erreichen. Fliehen hilft bei privaten Konflikten so wenig wie bei gesellschaftlichen oder globalen.

Davon zeugen die Bilder dieses Buches. Das Licht, das unser Leben ermöglicht, erhält und erhellt, kommt freilich woanders her. Sonne und Mond senden uns den Segen des Lichts über riesige Distanzen hinweg. Die Lösung unserer heutigen Energieprobleme kommt von ganz, ganz oben.

Doch wir Menschen sind Nestbeschmutzer. Wir sind wohl die einzige Spezies auf dieser Erde, die ihr Nest nicht mehr sauber hält. Dieser Planet ist der Garten des Universums, und wir zerstören unseren eigenen Garten. Zwei Grundelemente des Lebens, Wasser und Luft, verschmutzen wir wie noch nie eine Spezies vor uns. Ein Liter Benzin verpestet und vergiftet 10 Kubikmeter Luft. Wir leben heute auf einem sterbenden Planeten. Der Indianerhäuptling *Seattle* (*1786–1866*) wusste noch: »Alle Dinge teilen denselben Atem, das Tier, der Baum, der Mensch – sie teilen denselben Atem. Die Erde ist unsere Mutter. Was die Erde befällt, befällt auch die Kinder der Erde.«

Die zunehmenden Atemwegserkrankungen weisen uns darauf hin, dass wir verlernt haben, unsere Lebensvoraussetzungen wie Luft und Wasser sorgsam zu schützen.

Wir in Deutschland leiten Tag für Tag 116.000 verschiedene Chemikalien in Flüsse und Seen und vergiften damit unser wichtigstes Lebensmittel, das Wasser. Brunnenvergifter wurden im Mittelalter zum Tode verurteilt. Heute benehmen wir uns – zumindest in den Industriestaaten Euroamerikas – fast alle wie Brunnenvergifter. Die Ozeane sind nicht tief genug, um noch lange als CO_2–Senke dienen zu können. Wenn die Fische könnten, würden sie aus unseren Meeren fliehen. Etwa die Hälfte der 45 Millionen Menschen, die jedes Jahr sterben, verenden wegen schlechter Umwelt- und Lebensbedingungen. Millionen sind wegen Wassermangel oder vor dem Treibhauseffekt auf der Flucht. Allein in Afrika zurzeit 18 Millionen – noch in Afrika. Jedes Jahr kommen weitere Millionen hinzu.

Nochmals: Sind wir noch zu retten? Zum Handeln ist es nie zu spät – aber allerhöchste Zeit! *Mahatma Gandhi* meinte: »Wollen wir Fortschritte erzielen, so dürfen wir die Geschichte nicht wiederholen, sondern müssen selbst neue Geschichte machen.« Das unmenschlichste aller menschlichen Dogmen heißt: Alles wiederholt sich – alles ist Zufall – alles ist unveränderbar – auch und gerade der Mensch. Einen verhängnisvolleren Irrtum gibt es nicht.

Eine neue Schöpfungs-geschichte

Der Philosoph, Kosmologe und Theologe *Matthew Fox* erzählt in seinem Buch »Schöpfungs-Spiritualität« diese neue Schöpfungsgeschichte:

Am Anfang war das Geschenk.
Und das Geschenk war bei Gott, und das Geschenk war Gott.
Und das Geschenk kam und schlug sein Zelt unter uns auf,
zuerst in Form eines Feuerballs,
der 750.000 Jahre lang unvermindert brannte
und in seinem ungeheuer heißen Ofen
Hadronen und Leptonen kochte.
Diese Gaben fanden gerade genug Stabilität,
um die ersten atomaren Geschöpfe zu gebären,
Wasserstoff und Helium.
Eine Milliarde Jahre des Kochens und Brodelns,
bis die Begabungen des Wasserstoffs und Heliums
Galaxien gebaren – wirbelnde, sausende, lebendige Galaxien,
die Billionen Sterne schufen,
Lichter in den Himmeln und kosmische Brutöfen,
die neue Geschenke entstehen ließen
durch gewaltige Explosionen riesiger Supernovas,
in einem Glühen aufflackernd
heller als eine Million Sterne.
Geschenke über Geschenke , Begabungen
gebärende Gaben,
Geschenke des Lichts, Geschenke der Dunkelheit,
kosmische Begabungen und subatomare Begabungen.
Treibend alles und wirbelnd, geboren und
sterbend,
in einem ungeheuren, geheimnisvollen Plan –
auch dieser ein Geschenk.
Eine dieser Supernovas explodierte auf eigene Art
und sandte eine einzigartige Gabe ins Universum –
Von später folgenden Geschöpfen genannt Erde,
ihre Heimat,
ihre Biosphäre, ein Geschenk für sie –,
hüllt sie ein in Schönheit und Würde und genau
den rechten Schutz vor der Sonnenstrahlung,
vor kosmischer Kälte
und vor ewiger Nacht.
Der so begabte Planet wurde als ein Juwel
in eine ausgezeichnete Umgebung gesetzt,
in genau 100 Millionen Meilen Entfernung
von seinem Mutterstern, der Sonne.
Neue Begabungen entstanden, in ihrer Gestalt neu im
Universum –
Felsen, Meere, Kontinente,
vielzellige Geschöpfe, beweglich aus eigener Kraft.
Leben war geboren!
Geschenke aus dem Stoff von Feuerball und Helium,
Galaxien und Sternen, Felsen und Wasser
nahmen nun die Gestalt des Lebens an!
Leben –
ein neues Geschenk des Universums,
eine neue Begabung im Universum.
Blumen vielfältiger Farben und Düfte, aufrechte Bäume.
Wälder entstanden und boten Raum für alle
Formen
kriechender und krabbelnder Wesen.
Wesen, die fliegen und singen.
Wesen, die schwimmen und rutschen.
Wesen, die auf vier Füßen laufen.

Und schließlich
Wesen, die stehen und auf zwei Beinen gehen.
Mit beweglichen Daumen für weitergehende Kreativität –
für noch mehr Begabungen.
Der Mensch wurde ein Geschenk und eine Bedrohung.
Denn seine Schöpferkräfte waren einzig in ihrem Potential
zur Zerstörung und zur Heilung.
Wie würde er diese Begabungen anwenden?
Welche Richtung würde er einschlagen?
Die Erde erwartet die Antwort auf diese Fragen.
Und sie wartet noch.
Zitternd.
Lehrer wurden gesandt, Verkörperungen des Göttlichen,
aus Erde geboren –
Isis und Hesiod, Buddha und Laotse, Mose und Jesaja,
Sara und Esther, Jesus und Paulus,
Maria und Hildegard, Häuptling Seattle und die Büffelfrau –
um die Menschen Wege des Mitgefühls zu lehren.
Und immer noch wartet die Erde,
ob die Menschheit ein Geschenk sei oder ein Fluch.
Zitternd.
Hast du je ein Geschenk gegeben und es später bereut?
Die Erde grübelt und wartet.
Denn das Geschenk ist Fleisch geworden
und wohnt überall unter uns,
und wir neigen dazu, es nicht zu kennen.
Und wir behandeln es nicht wie eine Begabung,
sondern als ein Objekt,
das wir benutzen, missbrauchen, niedertreten – ja kreuzigen.
Jenen aber, die das Geschenk mit Ehrfurcht empfangen,
ist alles verheißen.
Alle werden sie Kinder des Geschenks heißen,
Söhne und Töchter der Gnade.
Durch alle Generationen.

Mit der Schöpfung hat alles begonnen, und alles endet mit der Schöpfung. Es könnte sein, dass wir ohne Schöpfer bald erschöpft sind. Die Erde ist für uns Menschen das größte Geschenk, das Gott für uns bereithält. Unser Engagement für die Schöpfung braucht spirituelle Tiefe. »Und Gott sah, dass das Licht gut war« (Genesis/1. Mose 1,4). Gott, seine Sonne, ist das »Licht der Welt«.

Die Güte des Schöpfers oder der Schöpferin genügt mir, um in der Natur den überzeugendsten Gottesbeweis zu sehen. Die verborgenen Geheimnisse Gottes sind in der Natur verhüllt. Die Natur und das menschliche Herz sind die Tafeln, auf die Gott seine wundervollen Gesetze unauslöschlich eingetragen hat. Die Natur ist gottestrunken. Davon sind die Naturvölker wie die Indianer beider Amerikas, die Aborigines in Australien oder die Maoris in Neuseeland tief überzeugt. Unter diesen Völkern habe ich noch niemand getroffen, der sich als Atheist bezeichnet hat. Nur anthropozentrische Zivilisationen konnten den Atheismus erfinden. *Matthew Fox* hält den Atheismus für eine europäische Erfindung. Vielleicht aber ist Atheismus im Wesentlichen Anti-Klerikalismus.

Stephen Hawking sieht den Planeten Erde aus dem Weltraum weniger mystisch-religiös, aber doch auch mit einer sehr menschlichen, beinahe jesuanischen Botschaft: »Betrachten wir die Erde vom All aus, sehen wir uns selbst als Ganzes. Wir nehmen die Einheit wahr und nicht das Trennende. Ein einfaches Bild mit einer unwiderlegbaren Botschaft: *ein* Planet, *eine* Menschheit«.

Können wir »Gott als Verkörperung der Naturgesetze« definieren?, fragt der große Kosmologe Hawking kurz vor seinem Tod. Seine Antwort: »Ich verwende das Wort Gott wie Einstein in einem unpersönlichen Sinn für die Naturgesetze. Folglich kennt, wer die Naturgesetze kennt, die Gedanken Gottes. Meine Vorhersage lautet: Wir werden am Ende dieses Jahrhunderts wissen, was Gott denkt.« Und: »Ich denke, das Universum ist aus nichts entstanden, aber ganz in Übereinstimmung mit den Naturgesetzen.« Meine Frage an Hawking bleibt: Wer ist verantwortlich für die Naturgesetze, wenn es vor der Entstehung des Universums nur das Nichts gab?

Wissenschaftlich unstrittig ist heute, dass für das Entstehen des Universums mindestens drei Voraussetzungen gegeben sein mussten:

Erstens: Materie
Zweitens: Energie
Drittens: Raum.

Fast wie eine Blumenwiese wirkt diese farbenprächtige Szenerie am Bachufer auf der Champ-Insel im Kaiser-Franz-Joseph-Land, Russland, dem nördlichsten Archipel, nur 800 Kilometer vom Nordpol entfernt. Zwischen den Moosen leuchtet in kräftigem Rot der Steinbrech (saxifraga oppositifolia).

Und Gott sprach:
Es lasse die Erde aufgehen Gras und Pflanzen,
die Samen tragen, und fruchtbare Bäume,
die Früchte tragen, in denen ihr Same ist
auf der Erde, ein jeglicher nach seiner Art.
Und die Erde ließ aufgehen Gras und Pflanzen,
die ihren Samen trugen, ein jegliches nach seiner Art,
und Bäume, die Früchte tragen, in denen ihr Same ist,
ein jeglicher nach seiner Art.
Und Gott sah, dass es gut war.
Da ward aus Abend und Morgen der dritte Tag.

GENESIS/1. MOSE 1,11–13

Fast tropische Vegetation im regenfeuchten Galizien am Jakobsweg in Spanien mit Eukalyptuswäldern im Hintergrund.
»Einen schöneren Ort gab es nicht auf der Welt als Galizien, zauberhaftes Galizien, blühendes Galizien. Mit Tälern so tief, so grün, so frisch, dass man die Schmerzen heilte nicht anders als mit Schleiern.« Rosalie de Castro (1837–1887)

Baumfarne im Regenwald der neuseeländischen Südinsel.

Blühende Wollgraswiese auf den Vesterålen-Inseln in Norwegen.

Wildblumenrabatte am spanischen Jakobsweg in der grünen Meseta.

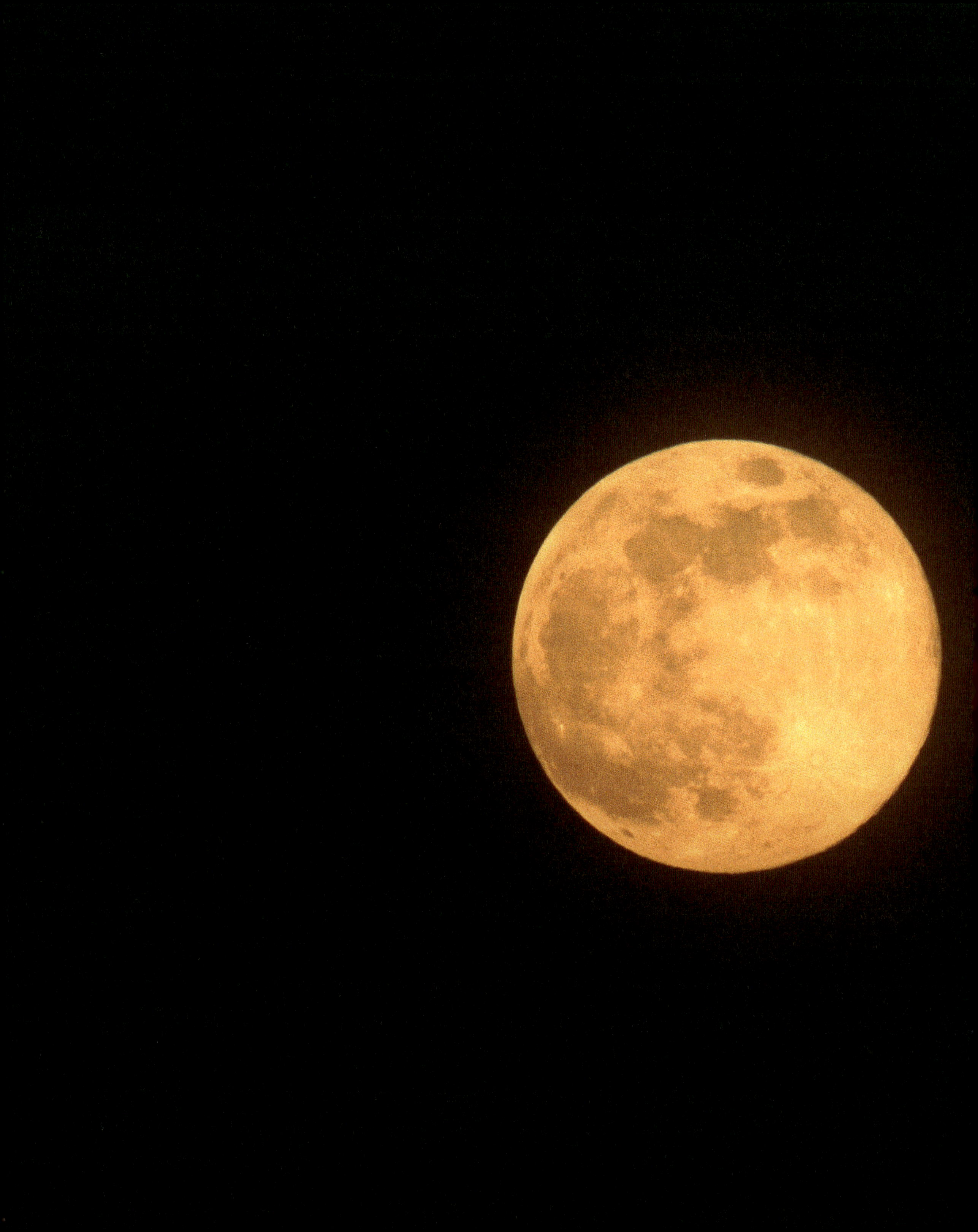

»Die Sterne können den Glanz des Mondes nicht vermehren.«
Chinesisches Sprichwort

Und Gott sprach:
Es werden Lichter an der Feste des Himmels,
die da scheiden Tag und Nacht
und geben Zeichen, Zeiten, Tage und Jahre
und seien Lichter an der Feste des Himmels,
dass sie scheinen auf Erden.
Und es geschah also.
Und Gott machte zwei große Lichter:
ein großes Licht, das den Tag regiere,
und ein kleines Licht, das die Nacht regiere,
dazu auch Sterne.
Und Gott setzte sie an die Feste des Himmels,
dass sie schienen auf die Erde
und den Tag und die Nacht regierten
und schieden Licht und Finsternis.
Und Gott sah, dass es gut war.
Da ward aus Abend und Morgen der vierte Tag.

GENESIS / 1. MOSE 1,14–19

Sonnenuntergang an der Atlantikstraße in Norwegen.

Morgenstimmung am Ogoougé in Lambarene, Gabun, direkt neben dem alten Urwaldhospital von Albert Schweitzer.

Sonnenuntergang am Chobe-River in Botswana.

Vollmond über dem Bryce Canyon in Utah, USA.

→
Dieser festgefrorene Eisberg in Thule, Nordgrönland, wird im Winter von der tief stehenden Sonne märchenhaft beleuchtet.

II
Die Lehren der Vergangenheit

Wege aus der Krise

Noch vor 100 Jahren wussten wir nicht, wo so viel Materie, Energie und Raum herkommen sollten, wie wir inzwischen kennen. Die Kosmologie spricht von »einem Netz von Milliarden und Abermilliarden Galaxien, deren jede mit der Kraft der Gravitation auf alle anderen Galaxien einwirkt« (Hawking). Heute wissen wir, dass Materie und Energie die beiden Seiten derselben Medaille sind. Also braucht ein Universum nur noch zwei »Zutaten«: Energie und Raum. Die Kosmologen sagen uns heute, dass Raum und Energie spontan erzeugt wurden – durch den Urknall. Ist also der Urknall der Augenblick der Schöpfung? Vielleicht ist Gott nicht die einzige Möglichkeit, diese Frage zu beantworten.

In seinem letzten Buch (»Kurze Antworten auf große Fragen«, 2018) meint *Stephen Hawking:* »Wir haben nur dieses Leben, um den großen Plan des Universums zu würdigen, und dafür bin ich außerordentlich dankbar.« Und wieder bleibt meine Frage: Wer ist der Planer dieses Plans, wenn es ihn denn tatsächlich gibt, diesen Plan? Im selben Buch schreibt Hawking auch: »Wenn Sie wollen, können Sie die wissenschaftlichen Gesetze ›Gott‹ nennen, aber das wäre dann keine persönlicher Gott, dem Sie begegnen und Fragen stellen können.« Wer weiß?

Wie auch immer: Heute ist die Schöpfung gefährdet – durch das Verhalten jener Spezies, die sich selber *homo sapiens* nennt. Stephen Hawking war der Überzeugung, dass »die Naturwissenschaften eine schlüssigere Erklärung liefern als einen göttlichen Schöpfer«.

Schöpfung bewahren heißt freilich Schöpfungsgesetze achten und den Schöpfer oder die Schöpferin lieben. Während ich diese Zeilen schreibe, erfahre ich von einem zurückliegenden positiven Beispiel, das zeigt, wie wir Wege aus der Umweltkrise finden können.

1987 wurde von der Weltgemeinschaft das *Protokoll von Montreal* verabschiedet. Damals wurde beschlossen, dass bis zum Jahr 2000 keine FCKW-haltigen Produkte mehr hergestellt werden dürfen. Das Protokoll wurde politisch umgesetzt. Heute ist die FCKW-Produktion weltweit eingestellt. Und wir wissen: Das Ozonloch wird nicht mehr größer, es stabilisiert sich. Wir können heute hoffen, dass sich die Ozonschicht bis etwa 2040 wieder erholt haben wird und uns wieder vor den direkten UV-Strahlen der Sonne schützt.

2004 war ich zu Vorträgen in Australien. Dabei lernte ich, dass auf dem »fünften Kontinent« wegen der zerstörten Ozonschicht jedes Jahr 140.000 Menschen an Hautkrebs erkrankten. Wäre diese Zerstörung der Ozonschicht nicht gestoppt worden, dann hätten wir in Deutschland etwa ab dem Jahr 2020 mit jährlich einer Million Hautkrebserkrankungen rechnen müssen. Heute können wir davon ausgehen, dass der Kelch dieses Schreckensszenarios an uns vorübergehen wird. Bis zur Mitte des Jahrhunderts werden freilich noch Millionen Menschen und Tiere wegen des Ozonlochs an Hautkrebs erkranken oder Hautkrankheiten bekommen, aber das Schlimmste bleibt der Menschheit doch erspart. Eine Lösung des Problems ist in Sicht.

Wir können lernen aus der Vergangenheit.

Es muss und kann der Weltgemeinschaft gelingen, auch beim heutigen Hauptthema der Umweltkrise, der Energiefrage und dem damit zusammenhängenden Treibhauseffekt, eine ähnlich positive Entwicklung zu organisieren. Es gibt noch einen Fluchtweg aus dem Treibhaus. Wir müssen ihn allerdings konsequent gehen. Ende 2015 auf der Weltklimakonferenz in Paris hat sich die Weltgemeinschaft aller 196 Staaten darüber verständigt, dass die Klimaerwärmung gegenüber 1880 um nicht mehr als 2 Grad, besser um nur noch 1,5 Grad steigen darf. Jedes Zehntel Grad kann das Überleben oder den Untergang von Millionen Menschen bedeuten. Ein Klimaschutz-Abkommen, das diesen Namen wirklich verdient. Allerdings ist Papier geduldig, ein Abkommen, das alle Staaten unterschrieben haben, und die Umsetzung dieses Vertrags in die Realität, sind zweierlei Dinge. Es reicht nicht, zu merken, wir müssen auch

Palmenwedel in der Oase Siwa, Ägypten.

machen. Auch wenn US-Präsident *Donald Trump* wieder aus der Pariser Klimavertrag aussteigen will, viele Kommunen und US-Bundesstaaten haben angekündigt, dass sie auf ihrer Ebene den Vertrag umsetzen werden. Ein Klimawandel-Leugner wie Trump weckt auch die Gegenkräfte.

Der frühere Chefvolkswirt der Weltbank, *Sir Niclas Stern*, hat in einem aufsehenerregenden Bericht festgestellt, dass die Rettung des Weltklimas etwa ein Fünftel dessen kostet, was wir aufwenden müssten, wenn wir mit der alten Energiepolitik so weitermachen wie bisher. Klimaschutz rechnet sich.

Die Klimaerhitzung wird zum Negativmotor der Weltwirtschaft. *Klaus Töpfer* als früherer Chef der UNO-Umweltbehörde wie auch das Internationale Rote Kreuz weisen darauf hin, dass schon im Jahr 2000 erstmals mehr Menschen vor Flut- und Dürrekatastrophen geflohen sind als vor Kriegen. Die reichen Industriestaaten benehmen sich wie ökologische Aggressoren gegenüber den Armen im Süden. Doch wir alle leben unter einem geistigen Gesetz. Dieses heißt: Wir können nur ernten, was wir säen: Millionen von Daten aus dem Gletschereis, der Atmosphäre, den Korallenriffen der Ozeane oder den Jahresringen von alten Bäumen signalisieren ein apokalyptisches Szenario für das Klima unseres Planeten, wenn jetzt nicht endlich das Umsteuern gelingt, das schon 1992 beim Erdgipfel in Rio von allen Regierungen beschlossen wurde.

Was können wir Europäer tun?

Die einzig erfolgreiche Strategie heißt: Energie sparen, Energie effizienter nutzen und Erneuerbare Energien verstärkt einsetzen. Die Energienutzung ist der Schlüssel für eine gute oder schlechte Zukunft jeder Gesellschaft.

Mindestens 20 Millionen Gebäude allein in Deutschland müssten energetisch saniert werden – das würde mehr als eine Halbierung des Heizenergieverbrauchs bedeuten und etwa 300.000 Arbeitsplätze in der geplagten Baubranche schaffen.

Jene Automobilwirtschaft wird weltweit boomen, die im großen Stil das Drei-, das Zwei- und das Ein-Literauto sowie das Elektro- und das Wasserstoff-Auto rasch zu bezahlbaren Preisen auf den Markt bringt, also kleinere Autos baut.

Der Solararchitekt *Rolf Disch* verkauft in Freiburg die ersten Solarenergie-Plus-Häuser, die mehr Energie mit Hilfe der Sonne produzieren, als in diesen Häusern verbraucht wird. Jeder Hausbesitzer wird ein Energieproduzent und ein Energieverkäufer. Ökonomie und Ökologie passen endlich zusammen. Denn diese Häuser sind kaum teurer als herkömmlich gebaute Häuser. Aber mit dem Solardach wird Geld verdient. Die Sonne schickt uns keine Rechnung. Auch der Wind ist kostenlos. Das ist der große ökonomische Vorteil der künftigen ökologischen Energieerzeugung. Benzin- und Heizölpreise aber werden auch in den nächsten Jahrzehnten steigen – nicht nur wegen der Klimabelastung, sondern vor allem wegen der begrenzten Reichweite. Sonne, Wind, Erdwärme, Biogas, solarer Wasserstoff, Wasserkraft und Wellenenergie der Ozeane stehen uns praktisch unbegrenzt und für alle Zeit zur Verfügung. Allein die Sonne schickt uns täglich 15.000-mal mehr Energie, als zurzeit die über sieben Milliarden Menschen verbrauchen. Die Lösung des Energie- und Klimaproblems steht am Himmel.

Wir aber haben noch immer ein Brett vor der Sonne. In Deutschland warten 20 Millionen Gebäude darauf, zu Solarkraftwerken umgerüstet zu werden. Es gibt freilich auch positive Entwicklungen.

Energiekonzerne werden erneuerbar

Alte Energiekonzerne wie e.on haben schon 2014 angekündigt, ihr bisheriges Geschäftsmodell radikal umzustellen. Hauptsächlich Erneuerbare Energien, Energie-Effizienz und Energie-Dienstleistung sollen gefördert werden. Aus der Atomenergie steigen die »Großen Vier« in Deutschland spätestens 2022 komplett aus. Auch aus der Kohle werden sie bald aussteigen müssen, wenn die Bundesregierung ihre Klimaschutzziele bis 2030 erreichen will, zu denen sie sich völkerrechtlich verpflichtet hat. Die große Koalition in Berlin hat aber ihre Ziele, die Treibhausgase bis 2020 gegenüber 1990 um 40 Prozent zu reduzieren, krachend verfehlt.

Alles liegt an uns – an wem denn sonst?

170 Großunternehmen haben sich weltweit zusammengeschlossen, um etwas zu tun, was Unternehmern kaum zugetraut wird: Sie unterstützen Klimaschutzmaßnahmen zum Teil gegen ihre eigenen Regierungen. Auch in den USA.

»e-mission 55« heißt die Initiative. Die Firmen – unter ihnen die Deutsche Telekom und der Schweizer Großkonzern ABB – haben insgesamt einen Jahresumsatz von 200 Milliarden Euro. Geradezu sensationell mutet an, dass die Ölkonzerne BP und Shell die Aktion unterstützen. Das Solarzeitalter beginnt soeben. Die Shell AG geht davon aus, dass bis zur Mitte des Jahrhunderts zwei Drittel aller Energieverbräuche weltweit aus erneuerbaren Energiequellen stammen, während die Ölproduktion dann nur noch 20 Prozent gemessen an den heutigen Ölverbräuchen betragen wird. »Wir werden Sonnenkonzerne«, sagen BP- und Shell-Vorstände übereinstimmend. Sie sagen das weniger aus Klimaschutzgründen. Sie wissen vielmehr, dass ihnen der alte Stoff ausgeht. Sie verlieren ohnehin ihr altes Geschäftsmodell. Schon heute ist etwa die Hälfte aller globalen Öl- und Gasvorkommen verbraucht. BP hieß jahrzehntelang *British Petroleum*, jetzt aber steht BP für *Beyond Petroleum*, für Nach-Öl-Zeitalter.

Eine ganz neue politische Koalition aus zukunftsfähigen Unternehmern, Gewerkschaften, Kirchenvertretern, Landwirten, Handwerkern, Politikern und Millionen Privatleuten wird benötigt, wenn Klimaschutz und Umweltschutz als wichtigste Handlungsstrategie am Beginn des 21. Jahrhunderts erkannt und realisiert werden soll. Dann erst können wir unsere Anfangsfrage guten Gewissens bejahen: Ja, wir sind noch zu retten. Aber auch nur dann.

Die künftige Energieversorgung wird allerdings wesentlich von den Bürgern selbst organisiert und nicht mehr von den großen Energiekonzernen. Millionen Hausbesitzer, hunderttausende Bauern, Handwerker und Mittelständler, aber auch fortschrittliche Stadtwerke werden die Träger und Treiber der solaren Energiewende in den nächsten Jahrzehnten. Die solare Marktwirtschaft wird dezentral organisiert sein. Das geht schon deshalb, weil die Sonne auf jedes Dach scheint, der Wind fast überall weht und Biomasse direkt vor der Haustüre wächst.

Was Anlass zum Optimismus gibt? Im Jahr 2000 kostete die Produktion einer Kilowattstunde Solarstrom in Deutschland 70 Cent. Heute noch etwa ein Zehntel davon, sieben Cent. Der Strom aus der Steckdose, also Kohle- und Atomstrom, kostet hierzulande etwa 28 Cent. Sie dürfen jetzt dreimal raten, wem die Zukunft gehört. Pessimismus entsteht, wenn ich Kreativität verdränge. Eine ähnlich günstige Preisentwicklung hat die Windenergie hingelegt. Am Schluss entscheidet die Ökonomie. Solarstrom ist schon heute – und erst recht in der Zukunft – in vielen Ländern der preisgünstigste Strom. In Marokko und in Chile wird schon heute Solarstrom für unter drei Cent je Kilowattstunde produziert.

Die Regierung Saudi-Arabiens hat beschlossen, bis 2030 das größte Solarkraftwerk der Welt zu bauen. Eine Mammut-Anlage mit einer Kapazität von 200 Gigawatt. Das ist etwa die Kapazität von 200 Atomkraftwerken. Sie haben richtig gelesen: 200 AKWs. Die Kilowattstunde Solarstrom soll dann noch einen Cent kosten. Die alten Kraftwerke rechnen sich einfach nicht mehr – selbst wenn wir die riesigen Folgekosten der Klimaerhitzung, die sie verursachen, nicht mit rechnen. Wie hatte schon *Bill Clinton* in seinen Wahlkämpfen erkannt: »It's the economy, stupid.« Und er hat gewonnen.

Ganz wichtig für mehr Gerechtigkeit auf unserer Erde: Solarstrom wird Sozialstrom – erschwinglich für jedermann und jede Frau. Wir können und werden eine völlig neue Auffassung über unser Dasein entwickeln, wenn wir uns endlich einlassen auf diese neue Energiedimension. Und wir können eine genauere Vorstellung davon bekommen, weshalb wir hier sind: Um mitzuarbeiten an der Bewahrung der Schöpfung. Damit auch unsere Kinder und Enkel und deren Kinder und Enkel eine gute Zukunft und ein schönes glückliches Leben erwarten können. Welch eine Vision! Wir brauchen die alte Sonne für eine neue und bessere Welt. Mit der Sonne wartet ein Leben voller Wonne auf uns. Aus dem Schein der Sonne kann ein neues Sein der Menschen werden. Unser Leben bekommt einen tieferen Sinn.

Reisfeld auf Bali, Indonesien.

Das Solarzeitalter beginnt – die Sonne gewinnt

Die Europäische Kommission in Brüssel und viele Fachleute, die sich mit den Potenzialen erneuerbarer Energiequellen beschäftigen, gehen davon aus, dass wir mit Hilfe von Energieeinsparungen, einer besseren Energieeffizienz und durch den Ausbau der Erneuerbaren Energien bis etwa 2050 die solare Energiewende komplett organisieren können. Der Energieverbrauch für Europa könnte dann so aussehen:

Energieszenario 2050

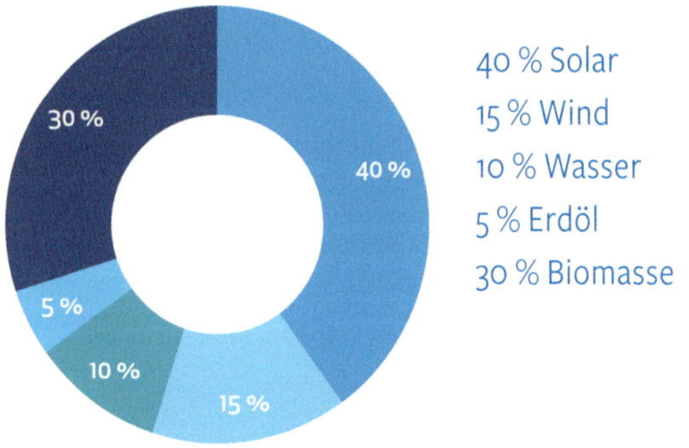

Wie realistisch dieses Szenario ist, soll an einigen positiven Beispielen demonstriert werden:

- Die Landesregierung von Schleswig-Holstein geht davon aus, dass in ihrem Bundesland schon 2020 mehr Ökostrom produziert als Strom in ganz Schleswig-Holstein verbraucht wird.
- Die privaten Haushalte der Großstädte Kassel und Nürnberg werden seit 2008 komplett mit Ökostrom versorgt.
- In dem kleinen Ort Dardesheim in Sachsen-Anhalt leben circa 1100 Menschen. Sie produzieren über Windräder auf ihrer Gemarkung Strom für 40.000 Menschen.
- Mecklenburg-Vorpommern gewinnt 2018 bereits 70 Prozent seines Stroms über Windräder.
- In Ostfriesland leben circa 500.000 Menschen. Im Jahr 2019 wird hier zu 300 Prozent des gesamten Stromverbrauchs ökologisch organisiert.
- Costa Rica produziert im Jahr 2018 als erstes Land der Welt seinen Strom zu 100 Prozent ökologisch, hauptsächlich über Wasserkraft und Sonne.
- Island ist 2018 bereits zu 96 Prozent erneuerbar. Hauptsächlich über Geothermie.
- Auch in München-Unterhaching werden seit vielen Jahren etwa 20.000 Menschen mit erneuerbarer Energie aus Geothermie versorgt. Preisgünstiger als mit alter Energie. Weil dieses Beispiel so gut funktioniert, wollen es jetzt 16 Regionen in Bayern nachmachen.
- Der größte Discounter der Welt, Walmart, versorgt bereits 400 Filialen mit Solarstrom. Damit sollen pro Jahr bis zu einer Milliarde Dollar eingespart werden.
- Apple produziert nach eigenen Angaben 90 Prozent seines Stromverbrauchs mit grüner Energie.

Die Projekte zeigen und beweisen, dass die 100-prozentige solare Energiewende in wenigen Jahrzehnten machbar ist, wenn die Politik es wirklich will.

Die Sonne ist das Maß aller Dinge

Das Angebot der Natur an Energiequellen ist beinahe unendlich. Während in den nächsten Jahrzehnten die alten Energiequellen zu Ende gehen und – bedingt durch die Knappheit und wegen der Klimafolgen – immer teurer werden, reichen die Angebote der umweltfreundlichen Erneuerbaren Energien für »alle« Zeit, und sie werden immer preiswerter.

Angebote Erneuerbarer Energien weltweit

Die Sonne stellt uns 15.000-mal so viel Energie zur Verfügung, wie alle Menschen heute nutzen. Die Sonne ist Quell und Garant allen Lebens. Ihre Leistung entspricht der gleichzeitigen Zündung von 90.000 Wasserstoffbomben – in jeder Sekunde! So hat es der US- Bestsellerautor *Richard Cohen* in seinem wichtigen Buch »Die Sonne« (2012, Originalausgabe: *Chasing the Sun,* 2010) ausgerechnet.

Die Sonne leuchtet zwar, aber sie hat viele Menschen energetisch immer noch nicht erleuchtet. Vor allem das »dritte Gestirn«, unser Hirn, hat noch immer Nachholbedarf. Aus dem Schein der Sonne kann ein neues Sein der Menschen entstehen. Wir brauchen die alte Sonne für eine neue Welt.

Die Sonne ist das Maß aller Dinge.

Alles dreht sich um die Sonne. Sie ist Quell und Garant allen Lebens. Wenn die Sonne nur drei Wochen nicht schiene, wäre alles Leben tot. Es gäbe keinen Menschen, keine Tiere, keine Bäume und keine Pflanzen mehr. Doch wir haben noch immer ein Brett vor der Sonne. Und wir holen Öl aus Arabien, Gas aus Sibirien, Kohle aus Südafrika und Uran aus Australien nach Deutschland und Europa. Obwohl die Sonne kostenlos und umweltfreundlich und für alle Zeit auf jedes Dach scheint, nutzen wir dieses Angebot von oben, von ganz, ganz oben, noch zu wenig. Wer sich aber dieser ewigen Energiequelle öffnet, dem geht ein Licht der Erkenntnis auf. Der wunderbare junge Mann aus Nazareth vor 2.000 Jahren in seiner Bergpredigt: »Gott lässt aufgehen seine Sonne über Gute und Böse. Er lässt Regen fallen auf Gerechte und Ungerechte.«

Die Sonne war schon immer unsere vielversprechendste Hoffnung auf Zukunft. Auch die Schönste aller ägyptischen Schönen, Nofretete, war eine Sonnenkönigin. Unsere Sonne und unsere Erde: Das ist die grandioseste Zweibeziehung im gesamten Kosmos, wenn auch 150 Millionen Kilometer voneinander entfernt oder gerade deshalb. Unser Platz auf diesem Planeten ist unser rechtmäßiger Platz im Universum.

Allein die Wasserkraft könnte theoretisch reichen, um die Hälfte der Menschheit mit Energie zu versorgen. Dazu kommen noch fünfzehnmal mehr Biomasse – gespeicherte Sonnenenergie –, als wir heute an Energie verbrauchen, etwa 76-mal mehr Wellen und Meeresenergie sowie 308-mal mehr Windenergie und noch viel Erdwärme. Aber noch immer meinen viele Menschen, dass wir ohne Atomenergie keine Energiewende hinbekommen.

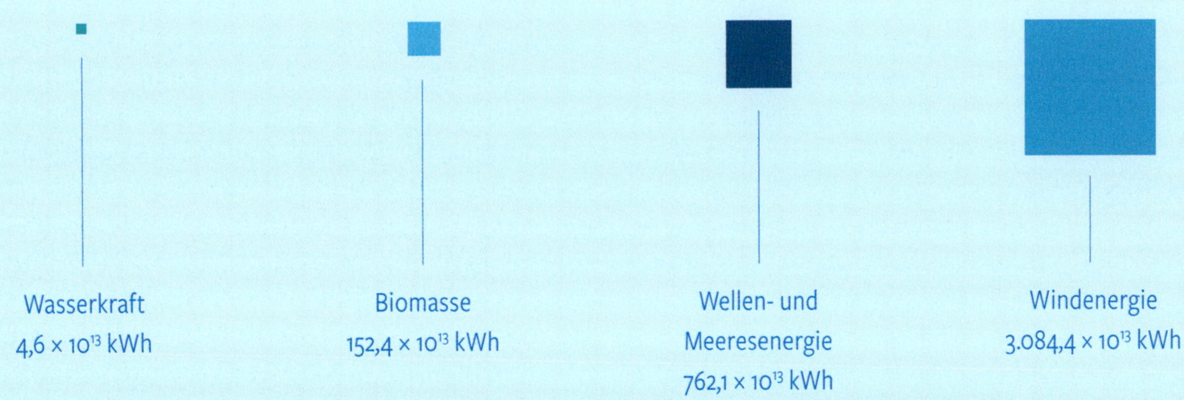

QUELLE: EUREC.AGENCY, POWER FOR THE WORLD – A COMMON CONCEPT

Das elfte Gebot: »Du sollst den Kern nicht spalten!«

Ohne Sonnenlicht würden wir nicht existieren. Wenn die Sonne nur drei Wochen nicht auf unsere Erde scheinen würde, hätten wir auf unserem Planeten minus 170 Grad, und alles Leben wäre tot. Die Sonne lässt uns leben. Ohne Sonne gäbe es keine Atmosphäre und keine Ordnung auf der Erde – sie wäre wüst und leer. Diese Sonne, ihr Licht, ihre Kraft und ihre Energie gilt es neu zu entdecken.

Nicht zufällig ist die Sonne in allen Religionen, heiligen Schriften und Weisheitslehren das göttliche Symbol. Irgendwann werden die Theologen vielleicht Gott als Energie definieren – als die Kraft, aus der alles Leben und alle Ordnung und alles Sein, das wir kennen, hervorgingen und permanent hervorgehen. Gott ist Liebe, Leben und Energie. Gott ist die Kraft, die alles am Leben hält und zusammenhält. Sonne ist einleuchtend.

Atomkraftwerke sind schöpfungswidrig.

Die Sonne ist das Fusionsprinzip schlechthin – sie funktioniert physikalisch wie eine Fusionsreaktion. Fusion ist Verbindung. Mit unseren Atomreaktoren aber betreiben wir das Gegenteil. Wir spalten. Obwohl das griechische Wort *atomos* unteilbar heißt, teilen wir, was die Natur verbunden hat. In einem Atom verbirgt sich die kleinste Einheit des Lebens. Durch Kernspaltung trennen wir etwas, was nicht wieder zusammenfinden kann. Deshalb Atommüll.

Energiegeladene Atome vereinigen sich, stellen Bindungen her, die wir in ihrer Masse als Materie bezeichnen und die wir erst nach ihren Verbindungen überhaupt wahrnehmen können. Wenn wir diese Urenergien aber spalten, dann sind sie nicht mehr Bausteine des Lebens, sondern Elemente des Todes. Sie wirken dann zerstörend und vernichten das Leben. Ein zeitgemäßes elftes Gebot müsste nach diesen Einsichten heißen: »Du sollst den Kern nicht spalten – weder den Atomkern noch den Zellkern!«

Weil wir trotz dieser wissenschaftlichen Erkenntnisse viele »Kerne« schon gespalten haben, existieren alleine in den USA bis heute 90.000 Tonnen hochradioaktiver Atommüll. Ein Endlager dafür ist uns seit rund 40 Jahren versprochen. Es gibt aber bis heute weltweit kein einziges atomares Endlager. Fachleute befürchten, dass es ein solches niemals wirklich geben kann. Wir haben uns am Schöpfungsprozess versündigt. Atommüll strahlt bis zu einer Million Jahre. Deshalb gibt es weltweit Proteste gegen »Endlager« – auch von denen, die zuvor für Atomkraftwerke plädierten.

Bei solarer Energienutzung fällt kein Müll an, es entsteht kein Treibhausgas und damit keine Klimabelastung. Allein deshalb ist die Sonnenenergie in ihrer ganzen Vielfalt über Wind, Wasser, Biogas, Biomasse, solaren Wasserstoff, Erdwärme und Meeresenergie *der* Schlüssel für eine friedlichere Welt. Sonne ist nicht nur Leben. Sonne schafft Leben. Atomenergie zerstört.

Die Natur oder die Evolution, Gott oder die Göttin haben durch Licht, das aus der Sonne hervorgeht, Strukturen gebildet, die Leben wachsen und Evolution gedeihen lassen. Nur durch Licht entstehen seit Milliarden Jahren auf unserer Erde immer wieder Lebensstrukturen, schöpferische Energie. Der Schweizer Arzt und Tiefenpsychologe *C. G. Jung* schrieb 1911, mit 36 Jahren, sein grundlegendes Werk »Wandlungen und Symbole der Libido«. Darin identifizierte der wohl bedeutendste Seelenarzt des 20. Jahrhunderts die Kraft der Sonne mit dem Schöpfer-Gott oder dem Feuer. Die äußere sichtbare Sonne und ihre Lebenskraft sind ein Symbol und ein Ausdruck unserer unsichtbaren inneren Kraft, der

Ausbruch des Vulkans Ätna, Sizilien.

seelischen Energie oder der Libido. Der solare Kontext der Seele, der inneren Sonne, war Anlass genug für eine Kommune von Künstlern, Tänzern, Musikern und Dichtern wie zum Beispiel *Hermann Hesse*, auf dem Monte Verita bei Ascona sich als »Sonnenanbeter« viele Jahre zusammenzuschließen. Jung sieht in der Sonne »das einzig vernünftige Gottesbild«. »Die Sonne ist der Vatergott, von dem alles Lebende lebt.«

Was ist Gott anders als Energie? Gott ist Ur-Energie, *die* Energie aller Energien. Gott ist die Sonne aller Milliarden Sonnen in Milliarden Sonnensystemen, von denen die moderne Astrophysik erst seit relativ kurzer Zeit weiß.

Gott, so hätte man früher in der Sprache der Kirchen wohl gesagt, ist der All-Mächtige oder wie es Jesus einfach, für jeden verständlich und unübertrefflich gesagt hat: Gott ist Vater und Mutter allen Seins.

Die Lösung kommt von ganz, ganz oben!

Diese Einsicht deckt sich mit der Erkenntnis von Naturreligionen ebenso wie mit Jesus in der Bergpredigt und den Erkenntnissen der modernen Naturwissenschaft. Unser Planet ist durch von der Sonne initiiertes Leben gestaltete Energie.

Am Anfang war das Licht.

Und wenn das Licht nicht mehr ist, wird unser Planet nicht mehr sein. Von dort kommen wir, und dorthin gehen wir wieder. Über das Leben nachzudenken heißt immer auch, über das Licht, also über die Sonne und über Gott nachzudenken. Darin verbirgt sich eine anspruchsvolle Provokation an eine Architektur der Zukunft, die eine solare Architektur sein wird: nämlich die gebaute Umwelt harmonisch und lebensfreundlich mit den kosmischen und natürlichen Energiekräften zu koordinieren.

Wenn wir eines Tages lernen, das Licht der Sonne als Energiequelle für *alle* Zeit und für *alle* Menschen zu nutzen, fangen wir an, das Jesus-Wort aus der Bergpredigt zu verstehen: »Er (der himmlische Vater) lässt seine *Sonne* scheinen auf böse wie auf gute Menschen« (Matthäus 5,45) – also in gleicher Weise für *Bin Laden* wie für *George W. Bush,* für *Donald Trump* und den Nordkoreaner *Kim Jong-un* und für alle. Die Lösung kommt von ganz, ganz oben. Dieses Jesus-Wort ist weit mehr als ein astrophysikalischer Hinweis. Hier *leuchtet* uns die Überlebensstrategie des Lebens entgegen.

Aber noch immer verdrängen und verleugnen wir die Friedens- und Heilungschancen des Sonnenlichts. Die Milliardeninteressen der Atom- und Öl- und Gas- und Autolobby stehen dagegen. Materiell sind diese Interessen zurzeit die stärkste Macht der Welt. Also organisieren wir über die alten Energieträger weltweit ökonomisches, ökologisches und soziales Chaos auf unserer schönen Erde. Was geschieht dabei? Die Natur hat in Hunderten Millionen Jahren mit Hilfe des Sonnenlichtes über die Photosynthese bei Pflanzen und Bäumen im ursprünglich viel zu reichlich vorhandenen Kohlendioxid den Kohlenstoff und den Sauerstoff getrennt und den Kohlenstoff in der Erde gebunden. Erst danach konnte höheres Leben auf unserer Erde entstehen.

Aber gegen alle Naturgesetze verbrennen wir Kohle, Gas und Öl massenhaft in wenigen Jahrzehnten und vermischen Kohlenstoff und Sauerstoff wieder zu Kohlendioxid (CO_2), dem Hauptklimakiller! Und mit dem Zerstören der Regenwälder vernichten wir die Klimaanlage des Planeten. So entsteht erneut Chaos wie am Beginn der Schöpfung. Aus diesem pyromanen Prozess erwächst unser heutiges Selbstmordprogramm. Wir Pyromanen verstoßen damit gegen das wichtigste Ordnungsprinzip der Natur oder der Sonne oder Gottes. Das Tohuwabohu des Anfangs, das einer wunderbaren und ästhetischen Ordnung gewichen war, ist die neue Horrorvision einer chaotischen Zukunft.

Am Anfang war das Licht. Und das Licht des Anfangs wandelte das Chaos in Ordnung. Wir Menschen aber drehen seit einigen Jahrzehnten diesen Prozess um – wir spielen Evolution rückwärts. Dabei zerstören wir jene Ordnungsstrukturen, denen wir unser Leben verdanken.

Palmen mit Kokosnüssen, Galapagos, Ecuador

Ufer des Ounianga-Serir-Sees im Ennedi-Gebirge, Tschad.

Die Sonne schickt uns keine Rechnung

Wir haben jetzt nur *eine* Chance, dem Teufelskreis der Umweltzerstörung zu entkommen: die Nutzung der Sonnenenergie und der anderen erneuerbaren Energieträger, die überall verfügbar sind, wo Menschen leben.

Dabei gewinnen wir nicht nur ökologische, sondern ebenso ökonomische Vorteile. So wenig wie die Pflanzen für ihre Photosynthese die Sonne bezahlen müssen, so wenig müssen wir Menschen es. Der ökonomische Vorteil der ökologischen Solarenergie ist: Die Sonne schickt uns keine Rechnung! Wenn endlich alle Energiesubventionen gestrichen werden und auf dem Energiemarkt endlich Marktwirtschaft funktioniert, dann ist Erneuerbare Energie unschlagbar preiswert.

Den Stoff gibt es umsonst. Wir müssen nur die Technik für die Umwandlung bezahlen. Wenn wir diese – durch entsprechende politische Rahmenbedingungen – massenhaft produzieren lernen, wird sie wie jede Technik immer preiswerter. Auch Transportkosten entfallen. Denn Licht fällt auf jedes Dach und an jede Hauswand. Wir müssen uns lediglich öffnen für die Sonne. Das ist freilich mehr als ein technischer Umdenkprozess – es ist eine geistige Umkehr. Die neue Metaphysik heißt: sich öffnen für das Licht!

Bisher haben wir von tief unten »schwarze Energie« – Kohle, Öl, Gas – organisiert. Jetzt aber sollten wir uns öffnen für das Licht, für die »weiße Energie« von oben. Das Gleiche gilt für die Windenergie. Auch der Wind, dieses himmlische Kind, schickt uns keine Rechnung. Diese kosmische Energie ist ebenso wie das Licht ein Geschenk des Himmels – im besten Sinne des Wortes. In alten Sprachen ist Wind und Geist dasselbe Wort – zum Beispiel *to pneuma* im Griechischen. Der Wind ist eine Geisteskraft. *Ruach* – im Hebräischen und Aramäischen weiblich – heißt Geist oder Wind.

Im 20. Jahrhundert erlebte die Physik umwälzende Erkenntnisse: Zuvor bestand der in Raum und Zeit existierende Kosmos lediglich aus Materie und Energie. Die kleinsten heute bekannten Elementarteilchen sind jedoch nichts anderes als in bestimmter Weise geordnete Information – in der Sprache der Religion: Geist! Der Nobelpreisträger *Max Planck* (1858–1947):

»Als Physiker, also als Mann, der sein ganzes Leben lang der nüchternen Wissenschaft, der Erforschung der Materie diente, bin ich sicher von dem Verdacht frei, für einen Schwarmgeist gehalten zu werden. Und so sage ich nach meinen Erforschungen des Atoms Folgendes: Es gibt keine Materie an sich! Alle Materie entsteht und besteht nur durch eine Kraft, welche die Atomteilchen in Schwingungen bringt und sie zum winzigsten Sonnensystem des Atoms zusammenhält. Da es im ganzen Weltall aber weder eine intelligente noch eine ewige (abstrakte) Kraft gibt … so müssen wir hinter dieser Kraft einen bewussten intelligenten Geist annehmen. Dieser Geist ist der Urgrund aller Materie. Nicht die sichtbare, aber vergängliche Materie ist das Reale, Wahre, Wirkliche, sondern der unsichtbare, unsterbliche Geist ist das Wahre. Da es aber Geist an sich nicht geben kann und jeder Geist einem Wesen zugehört, so müssen wir zwingend Geistwesen annehmen. Da aber auch Geistwesen nicht aus sich sein können, sondern geschaffen worden sein müssen, so scheue ich mich nicht, diesen geheimnisvollen Schöpfer ebenso zu nennen, wie ihn alle alten Kulturvölker der Erde früherer Jahrtausende genannt haben – Gott!«

»Gott ist Geist«, sagt das Johannesevangelium. Wenn Gott die Sonne hinter der Sonne ist, dann ist solares Denken und Handeln also mehr als der Umstieg von einer alten Technik in eine neue, es erzeugt eine neue Grundeinstellung zum Leben. Viele, die von Atomstrom auf Sonnenstrom umgestiegen sind, erklären: »Wir haben ein neues Verhältnis zur Natur und zur Sonne gewonnen – wir schauen jetzt öfter mal nach oben.«

Umwelt-krise – Innen-weltkrise

Dieser Blick nach oben bewirkt bei vielen Umsteigern einen Blick nach innen. Wir werden uns über die äußere Energie-Autarkie unserer inneren Energie-Autarkie bewusst. Wir können jetzt besser erkennen, dass die äußere Energiekrise ein Abbild einer viel tieferen, einer inneren Energiekrise ist. Außen wie innen und innen wie außen. Die Heilung im Außen kann einen Heilungsprozess im Inneren initiieren. Wir werden durch dezentrale eigene Energieversorgung aktiver – auch politisch – und tragen damit wiederum zu einem Heilungsprozess im Außen bei.

Über unser »inneres Licht« (Jesus in der Bergpredigt) können wir ein sonniges Wesen nach außen werden. Sonnige Wesen können verstehen lernen, dass die wichtigsten Dinge des Lebens nichts kosten: das strahlende Licht aus uns und die Freude und Dankbarkeit in uns. Liebe und Freude sind so wenig käuflich wie die Sonne. Sie sind ein Gottesgeschenk. Wir sollten es intelligent nutzen. Dafür müssen wir unsere Herzen öffnen – so wie wir unsere Dächer und Hauswände für Solaranlagen zur Verfügung stellen können als Landeplätze für die Strahlen aus dem Kosmos.

Magnolienblüten im Alten Land, Niedersachsen, Deutschland.

Durch ein solares Zeitalter haben wir die Möglichkeit – vielleicht erstmals in der Geschichte – daran mitzuarbeiten, dass auf dieser Erde kein Kind mehr verhungern muss. Im Oktober 2018 bin ich eingeladen, im Bamako, der Hauptstadt Malis, auf einer allafrikanischen Solarenergie-Konferenz zu sprechen. Auf Einladung des Energieministers fahren die Referenten in ein 20.000–Einwohner-Dorf außerhalb der Hauptstadt. Noch vor drei Jahren gab es dort keinen Strom. Jetzt haben die Menschen Solaranlagen und Strom. Der Apotheker des Dorfes erzählt, dass dadurch das Gesundheitsniveau gestiegen sei, denn er habe jetzt Medikamente, die gekühlt werden können, was zuvor unmöglich war. In einer Schule lerne ich Kinder kennen, die jetzt diese Schule besuchen können, weil sie seit drei Jahren im Schein von Solarlampen Hausaufgaben machen können. Eine Schneiderin erzählt, dass sie nun eine elektrische Nähmaschine habe, die ihre Arbeit ganz wesentlich erleichtere. Der Bürgermeister des Dorfes sagt: »Seit wir hier Strom haben, denken die jungen Leute nicht mehr an Flucht nach Europa. Solarstrom schafft auch neue Jobs.« In Schwarzafrika aber sind noch ein halbe Milliarde Menschen ohne Strom.

Kurz darauf halte ich einen Vortrag auf der 17. Weltwindenergie-Konferenz in Karachi/Pakistan. Hier hat die chinesische Firma »Goldwind«, einer der größten Windradhersteller der Welt, einen Windpark errichtet, der preiswerten und sauberen Strom für über zwei Millionen Menschen in Karachi produziert. Meine pakistanischen Freunde sind voll des Lobs über diesen Fortschritt. Sie sind davon überzeugt, dass ihr Land die komplette Energiewende bis zur Mitte des Jahrhunderts geschafft haben wird.

Wäre diese Entwicklung auch finanzierbar, werde ich immer wieder gefragt. Weltweit geben wir heute jedes Jahr 1,6 Billiarden Dollar für Waffen und Militär aus. Mit einem Zehntel davon könnten bald alle Kinder auf der ganzen Welt zur Schule gehen. Oder: Mit einem weiteren Zehntel der Rüstungsausgaben könnten wir dafür sorgen, dass bald kein Kind mehr verhungern muss. Entwicklung muss nicht am Geld scheitern. Sie scheitert im Wesentlichen am Machtwillen weniger Politiker und Konzernbosse sowie an der Angst vor dem Verlust ihrer Macht und ihres Geldes.

In der Mongolei, so hatten meine Frau und ich erfahren, werde die alte Nomadenkultur aussterben, weil die jungen Nomaden in die Großstadt ziehen wollen, wo sie Strom haben, deshalb auch Musik hören und Handys bedienen können. Bei unserem Besuch in der Mongolei stellten wir dann fest, dass bereits die Hälfte aller Nomadenzelte mit Solarstrom versorgt wird. Hier leben etwa noch eine Million Nomaden, die mit ihren Herden durch die Wüste Gobi oder durchs Altai-Gebirge ziehen. In ihren Jurten haben uns die jungen Nomaden dann voller Stolz ihre Handys, ihre Fernseher, ihre Radios, ihre Laptops und ihre elektrischen Bügeleisen gezeigt und uns erzählt, dass sie selbstverständlich Nomaden bleiben werden, weil sie nun dank der Solarenergie Strom haben. Eine der ältesten Hochkulturen der Welt kann gerettet werden. »Wir bleiben Nomaden, denn jetzt haben auch wir Energie«, hörten wir immer wieder.

»Und Gott machte zwei große Lichter: ein großes Licht, das den Tag regiere, und ein kleines Licht, das die Nacht regiere« (Genesis/1. Mose 1,16). Jede Solaranlage, jedes Windrad, jede Beteiligung an einer Wasserkraftanlage, jede Mitgliedschaft bei einer Energiegenossenschaft ist eine praktizierte Verehrung des Schöpfers. Der Traum aller großen Geister wird realisierbar.

Viele haben diesen Traum lange Zeit für reine Spinnerei und Utopie gehalten. Aber heute beginnen wir zu ahnen, dass wir im Informations- und Solarzeitalter der Verwirklichung dieses Traumes näherkommen können. Etwas wissen wir nämlich heute schon: Wir verfügen über sehr viel Energie, so dass es ein für alle Mal ausreicht, um jedermanns und jederfraus Bedürfnisse zu befriedigen. Es reicht freilich nicht für jedermanns Habgier. Wir werden lernen müssen, unsere Ego-logie durch Öko-logie zu bändigen.

Wir können einen Beitrag für das Paradies auf Erden leisten.

Wenn wir Menschen des dritten Jahrtausends das Energiefeld, das uns umgibt und das wir »anzapfen« können, als »göttliche Liebe« oder »Energie von oben« oder »göttliche Energie« erkennen, dann sind wir bereits auf der Spur der großen Lebensmeister wie Buddha, Jesus, Lao Tse oder Mahatma Gandhi. Sie haben uns den Weg zum Paradies gewiesen. Erstmals hängt das Überleben der Menschheit von einer radikalen geistigen und seelischen Umkehr ab.

Wir verbrauchen und verbrennen das Erbe unserer Kinder. Wir sind die Generation der Endverbraucher. Am deutlichsten wird diese Schlussverkaufsmentalität bei unserer Energiepolitik. Allein die Sonnenpolitik kann nachhaltig sein. Die Sonne lässt sich nicht verbrauchen. Nie zuvor haben wir so viel über unsere Situation gewusst wie heute, aber noch nie zuvor haben wir so wenig für das kollektive Überleben des Lebens getan.

Feuer und Eis: Wir haben einen Eisklotz in unser Lagerfeuer gelegt, Island.

Polarfuchs in Thule, Nordgrönland.

Und Gott sprach:
Es rege sich das Wasser
mit webenden und lebendigen Tieren,
und Vögel sollen fliegen
auf Erden unter der Feste des Himmels.
Und Gott schuf große Walfische
und allerlei Getier, dass da lebt und webt,
davon das Wasser sich erregte,
ein jegliches nach seiner Art,
und allerlei gefiederte Vögel,
ein jegliches nach seiner Art.
Und Gott sah, dass es gut war.
Und Gott segnete sie und sprach:
Seid fruchtbar und mehrt euch
und erfüllt das Wasser im Meer;
und die gefiederten Vögel sollen sich mehren
auf Erden.
Da ward aus Abend und Morgen der fünfte Tag.

Und Gott sprach:
Die Erde bringe hervor lebendige Tiere,
ein jegliches nach seiner Art:
Vieh, Gewürm und Tiere auf Erden,
ein jegliches nach seiner Art.
Und es geschah also.
Und Gott machte die Tiere auf Erden,
ein jegliches nach seiner Art,
und das Vieh nach seiner Art,
und allerlei Gewürm auf Erden nach seiner Art.
Und Gott sah, dass es gut war.

GENESIS / 1. MOSE 1,20–25

Königspinguine mit Jungtieren in Südgeorgien, britisches Überseegebiet.

Seelöwen auf der Insel Hood, Galapagos, Ecuador.

Seelöwenbulle am Strand von Santa Fe, Galapagos, Ecuador.

→
Geparden sind die schnellsten Läufer in der Savanne. Das Foto entstand in der Etoschapfanne, Namibia.

Elefant in einem Wasserloch im Savuti-Park, Botswana.

→
Büffel im Winter in Yellowstone, Wyoming, USA. »In den alten Tagen, bevor es Jagdgesetze und Ranger gab, schützte die Weisheit des Jägers, das Leben der Wildtiere. Es wurde nicht vergeudet.« Sam Bingham, Navajo und Publizist.

Männlicher Löwe in der Serengeti, Tansania. Dort erklettern die Löwen gerne kleine Felsen, um eine bessere Aussicht über die Steppe zu haben.

→
Männlicher See-Elefant in Südgeorgien, britisches Überseegebiet. See-Elefanten sind die größten Robben. Bullen werden bis zu 6 Meter lang und bis zu 4 Tonnen schwer. Über dem Maul haben sie einen Rüsselansatz, der bei Erregung bis zu 70 Zentimeter lang werden kann.

Tuareg in Timbuktu, Mali.

Und Gott sprach:
Lasst uns Menschen machen,
ein Bild, das uns gleich sei,
die da herrschen über die Fische im Meer
und über die Vögel unter dem Himmel
und über das Vieh und über die ganze Erde
und über alles Gewürm, das auf Erden kriecht.
Und Gott schuf den Menschen ihm zum Bilde,
zum Bilde Gottes schuf er ihn;
und schuf sie einen Mann und eine Frau.
Und Gott segnete sie und sprach zu ihnen:
Seid fruchtbar und mehrt euch und füllt die Erde
und macht sie euch untertan
und herrscht über die Fische im Meer
und über die Vögel unter dem Himmel
und über alles Getier, das auf Erden kriecht.

Und Gott sprach:
Seht da, ich habe euch gegeben
allerlei Pflanzen, die Samen tragen,
auf der ganzen Erde und allerlei Bäume mit Früchten,
die Samen tragen, zu eurer Speise,
und allem Getier auf Erden und allen Vögeln
unter dem Himmel und allem Gewürm,
das da lebt auf Erden,
dass sie allerlei grüne Pflanzen essen.
Und es geschah also.
Und Gott sah alles an, was er gemacht hatte;
und siehe da, es war sehr gut.
Da ward aus Abend und Morgen der sechste Tag.

GENESIS / 1. MOSE 1,26–31

Morgengebet in der Wüste, Erg Ubari, Libyen.

Schlittengespann im Winter unterwegs auf dem Meereis in Thule, Nordgrönland.

Maori-Mädchen einer Tanzgruppe auf der Nordinsel Neuseelands.

←
Ein junges Mädchen bringt Opfergaben (Reis und Früchte) in ihren Tempel auf Bali, Indonesien.

Junger Schüler im Hadramaut, Jemen.

→
Tuareg-Mädchen in Timbuktu, Mali.

Hirtenjunge im Hochland von Äthiopien.

→
Junge Bobo-Frau in Mali.

Seenebel auf 80° Nord im Kaiser-Franz-Joseph-Land, Russland.

→ Nomaden in Westtibet.

Also ward vollendet Himmel und Erde
mit ihrem ganzen Heer.
Und also vollendete Gott am siebenten Tage
seine Werke, die er machte,
und ruhte am siebenten Tage
von allen seinen Werken, die er machte.
Und Gott segnete den siebenten Tag und heiligte ihn,
darum dass er an demselben geruht hatte
von allen seinen Werken, die Gott schuf und machte.

GENESIS / 1. MOSE 2,1–3

III
Liebeserklärung an die Zukunft

Bürger, zur Sonne, zur Freiheit!

Solarenergie ist also *die* Energie des Volkes und *die* Energie des Friedens. Es gibt keine Shell- oder RWE- oder e.on-Sonne, sondern nur die Sonne für *alle*. Sonnenpolitik ist eine große Chance zur Demokratisierung in allen Gesellschaften. Die Nutzung der Sonnenenergie erfolgt dezentral, autonom und unabhängig von zentralisierten Energiekonzernen. Jeder und jede besorgen sich seine oder ihre Energie selber. Bürger, zur Sonne, zur Freiheit! Solarier aller Länder, vereinigt euch!

Spätestens jetzt im Zeitalter der globalen ökologischen Krise, im Zeitalter der Klimaveränderung, des Artensterbens und des Waldsterbens, des Ozonlochs und der Ausbreitung der Wüsten, wird deutlich: Frieden ist mehr als das Schweigen der Waffen. Es gibt keinen Frieden ohne Frieden mit der Natur.

Sonnenpolitik kann wegweisend werden für eine sozialökologische, friedliche und gerechte Politik im 21. Jahrhundert. Erst eine Sonnenpolitik wird eine effiziente Umweltpolitik sein – Voraussetzung für eine Welt ohne Armut. Der Energiereichtum der Sonne ist die Basis für eine Welt mit Wohlstand und Arbeit für alle. Sonnenpolitik bedeutet einen neuen Reichtum in einer neuen Zeit für alle Menschen. Sonnenpolitik meint gerade nicht Askese oder Armut oder Verzicht, sondern die Chance für einen globalen ökologischen Wohlstand.

Unser Kurzzeit-Problem

Warum aber setzen wir heute mehrheitlich noch immer auf Erdöl, das uns noch etwa 30 Jahre zur Verfügung steht, und vernachlässigen die Sonne, die uns noch einige Milliarden Jahre kostenlos alle Energie schenkt, die alle Menschen brauchen? Die Ökonomie, die heute alles beherrscht, denkt kurzfristig, die Biologie arbeitet langfristig. Schon *Eugen Roth* wusste:

Zu fällen einen schönen Baum
braucht's eine halbe Stunde kaum.
Zu wachsen, bis man ihn bewundert –
braucht er, bedenk es – ein Jahrhundert.

Der heutige *homo oeconomicus* ist eine Schrumpfgeburt des möglichen *homo sapiens* der Zukunft, der ein *homo oecologicus* sein wird. Wissenschaftler nennen unser Zeitalter jetzt »Anthropozän«, das Zeitalter des Menschen. In dieser Zeit müssen wir Menschen unser Verhältnis zu allem, was lebt, radikal überdenken. Wir müssen lernen, dass die Natur, die wir ausbeuten, auch eine Selbstausbeutung ist. Denn wir sind ein Teil der Natur.

Ein trockener Hitze-Sommer wie wir ihn 2018 erlebt haben, ist nur der sichtbare Hinweis auf unsere ausgetrockneten Seelen. Es bedarf eines inneren Wandels, wenn wir unser Verhältnis zur Natur neu ordnen wollen.

Der Biologe und Philosoph *Andreas Weber* fordert ein »Zurück zur beseelten Natur« und sagt: »Wir brauchen einen neuen Bund. Wir sägen nämlich nicht nur den Ast ab, auf dem wir sitzen. Wir sägen den Ast ab, der wir sind.« Alles hängt mit allem zusammen. Das haben wir verlernt. Das Verdrängen der Zusammenhänge allen Lebens ist das Herz des Raubtier-Kapitalismus.

Der Wettkampf der Arten war ja auch lange das Glaubensbekenntnis der Biologie. Heute wissen wir durch die Erkenntnisse der Neurobiologie und der Neuropsychologie, dass nur die Zusammenarbeit der Arten und das Wissen um die Ergänzung der Arten uns noch retten kann.

> Die Natur braucht uns nicht, aber wir brauchen sie.

Die Bodenblindheit des Hitzesommers 2018 ist das Ergebnis unserer eigenen Betäubung, unserer Gefühllosigkeit. Wir glauben selbst an die Gefühllosigkeit der Welt, weil wir unsere eigenen Gefühle für die Welt nicht mehr wahrnehmen. Deshalb können wir es kaum fassen, wenn uns der Förster *Peter Wohlleben* in seinem Bestseller »Das geheime Leben der Bäume« (2015) daran erinnert, dass und wie Bäume miteinander kommunizieren. Das ist keine Esoterik, sondern schlicht Biologie.

Bäume zum Beispiel treffen seit vielen Jahrtausenden in jedem Frühjahr erstaunliche Entscheidungen, die gut und langfristig funktionieren. Die Blüten eines Baumes entfalten sich genau zur Flugzeit der sie bestäubenden Insekten. Die Blätter wachsen angepasst an Temperatur, Licht und Regen, und die Früchte reifen genau dann, wenn jene Vögel anwesend sind, welche die Samen verteilen. Und die Vögel legen ihre Eier exakt zu Zeiten ab, in denen die gerade geschlüpften Jungen jene Nahrung vorfinden, die sie am Leben erhält. Für lebende Systeme ist überlebensnotwendig, dass sie in langen Zeiträumen planen. Sonst verschwinden sie rascher, als sie entstanden sind. Geduld wird eine wichtige ökologische Tugend. Tiere »wissen« das und handeln entsprechend. Pflanzen auch. Aber ausgerechnet der *homo sapiens* handelt immer kurzsichtiger, das heißt immer dümmer.

Die Aktienkurse purzeln oder springen noch schneller und aufgeregter als die Kleidermoden. Wir nennen uns zwar selbst *homo sapiens,* handeln aber, als wären wir *homo Dummkopf.* Die zunehmenden Sintfluten hätten frühere Generationen, die noch mehr Ehrfurcht vor dem Leben kannten, als Sündfluten begriffen. Die möglich gewordene Zerstörung unserer eigenen Lebensgrundlagen ist – religiös gesprochen – die Sünde aller Sünden. Diese Erkenntnis muss unser Denken alarmieren und unsere Religion, unseren Glauben, mobilisieren.

Wahrscheinlich liegt die größte Schwäche des heutigen Kapitalismus in seiner Kurzsichtigkeit und Schnelllebigkeit. Primitiv schnelllebige kapitalistische Gesellschaften erweisen sich seit 30 Jahren als unfähig, ihre eigenen langfristigen Probleme zu lösen. Sie sind auch mitschuldig daran, dass die meisten sogenannten Dritte-Welt-Länder nicht einmal ihre kurzfristigen Probleme wie Wasser- und Lebensmittelversorgung oder Energieversorgung lösen können. Der entscheidende Weg, dies zu ändern, führt von der heutigen Verschwendungs-Ökonomie zu einer zukunftsfähigen Recyclings-Ökonomie. *From cradle to cradle* – Ressourcen nutzen von der Wiege bis wieder zur Wiege. Dass dies möglich ist, zeigen zum Beispiel die Flaschen der Marke »Frosch«, die komplett recycelt und in den natürlichen Kreislauf zurückgeführt werden können, oder die T-Shirts der Firma »Trigema«, deren Rohstoffe ebenfalls immer wieder verwendet werden können.

Selbst bei Autobauern gibt es dafür Ansätze. Bei einer Stuttgarter Autofirma können bereits ein Drittel der für die Innenausstattung eingesetzten Rohstoffe wieder in den Kreislauf zurückgeführt werden. Hunderte Kaufhäuser in Deutschland wurden bereits nachhaltig gebaut – hauptsächlich mit Holz – und werden zu 100 Prozent mit erneuerbarer Energie versorgt. Sie, liebe Leserin und lieber Leser, dürfen dreimal raten, warum wohl. Ich verrate es Ihnen: vor allem deshalb, weil Manager von Kaufhäusern rechnen müssen und erneuerbare Energie in sehr vielen Fällen preiswerter ist als fossil-atomare Energieversorgung.

Dass und wie nachhaltiges Wirtschaften geht, hat uns schon vor 300 Jahren *Hans Carl von Carlowitz (1645–1714)* gelehrt. Der sächsische Bergbaufachmann und Förster hat als Erster das Wort Nachhaltigkeit gebraucht, Nachhaltigkeit als Verantwortungsprinzip gegenüber früheren und künftigen Generationen. In seinem Buch »Sylvicultura Oeconomica« schreibt er dazu diese Episode:

> Als Kaiser Maximilian II. in Italien reisete / und einen Bauer antraf / der Datteln pflanzete / welche erst nach 100 Jahren Früchte bringen / fragte er: Männlein was machest du? Der Bauersmann sagte: Allgnädigster Kaiser ich pflanze Datteln. Ei sagte der Kaiser / Wem zu gute? Er antwortete: Ich thue es Gott und denen Nachkömmlingen zu gefallen.

Carlowitz ging es um ein neues gesellschaftliches Bewusstsein, das Ökologie, Ökonomie und Sozialethik zusammendachte, um so eigenverantwortliches Handeln des Einzelnen zu entwickeln. Als Förster verlangte Carlowitz, dass nur so viel Holz geschlagen werden darf, wie wieder nachwächst. Diese Philosophie weitergedacht, entstand das von der ganzen Welt heute anerkannte Prinzip der Nachhaltigkeit. Heute ist dieses Wort das Schlüsselwort für eine gute Zukunft schlechthin geworden. Carlowitz war – wie Luther vor 500 Jahren – ein Revolutionär. Der entscheidende Satz seines Buches lautet »... kontinuierliche, beständige und nachhaltige Nutzung der Wälder. Nur so viel Holz nutzen, wie wieder nachwächst.« Wenn wir als Spezies Mensch überleben wollen, werden wir dieses Prinzip lernen müssen. Wenn uns das nicht gelingt, werden wir von dieser Erde verschwinden.

Wo ein Anfang ist, da kann es auch ein Ende geben.

»Im Anfang schuf Gott Himmel und Erde.« So beginnt die Bibel der Juden und Christen. Unsere Welt ist nicht selbstverständlich. Sie bleibt gefährdet. Deshalb bleibt die Schöpfung auch immer auf ihren Schöpfer angewiesen. Wer die ersten elf Kapitel der Schöpfungsgeschichte durchliest von Anfang über die Sintflut bis zum Turmbau zu Babel, versteht, was der heutige Ressourcenverbrauch, der Anstieg des Meeresspiegels bis zur Atomtechnik und der Gentechnologie für uns bedeuten kann. Wir können die Schöpfungsmythen auch als Gebete für die Fortsetzung des Lebens verstehen.

Holz war zu Carlowitz' Zeiten ein zentraler Wirtschaftsfaktor. Übernutzung war – wie heute der viel zu schnelle Verbrauch fossiler Rohstoffe – mit gravierenden ökonomischen Nachteilen verbunden. Was damals die Verkarstung war, sind heute die CO_2-Emissionen. Carlowitz gelang vor 300 Jahren die große Transformation in der Holzwirtschaft. Ob uns heute diese Transformation in der Energiewirtschaft gelingt?

Heute könnte uns mit Wiederaufforstung und Neuaufforstungen zumindest ein Zeitgewinn bei der Klimaerhitzung gelingen. Zum einen binden Bäume CO_2 beim Wachsen, und zweitens bleibt CO_2 in Form von Kohlenstoff (C) im Holz gebunden, wenn Holz zum Beispiel als Baustoff genutzt wird.

Eine weltweite Kinder- und Jugendorganisation zeigt uns Erwachsenen, wie's ganz konkret und praktisch geht: Es begann im Jahr 2007 mit einem Schulreferat von *Felix Finkbeiner* in Tutzing, der gerade mal neun Jahre alt war. Er erzählte den Mitschülern seiner Klasse, wie der Treibhauseffekt funktioniert und welche Folgen das für ihr Leben haben wird, wenn wir Menschen nichts dagegen tun. Felix hatte aber auch gelesen, dass Bäume die gefährlichen Treibhausgase binden. Deshalb beendete er sein Referat mit diesen Worten: »Lasst uns in jedem Land der Erde eine Million Bäume pflanzen!« So wurde die *Aktion Plant for the Planet* geboren. Bis heute haben 65.000 Kinder und Jugendliche in über 50 Ländern 15 Milliarden Bäume gepflanzt, 1.000 Milliarden sollen es werden (Info: www.plant-for-the-planet.org). Felix, der heute in London studiert: »Wenn wir den Klimaforschern folgen und jetzt handeln und in 20 Jahren feststellen, dass sie falsch lagen, haben wir nichts falsch gemacht. Aber wenn wir den Klima-Skeptikern folgen und nichts tun und feststellen, dass sie unrecht hatten, dann wird es zu spät sein, um unsere Zukunft zu retten.«

Als ich vor 20 Jahren in der ARD meinen ersten Film über Holzbauten produzierte, durfte »aus Sicherheitsgründen« hierzulande nicht höher als zweistöckig gebaut werden. Heute steht in Kärnten eine 70 Meter hohe Holzkonstruktion, im kanadischen Vancouver wird ein 18-stöckiges Holzhaus gebaut und in Wien ein 29-stöckiges Hochhaus, ebenfalls aus Holz. Doch in Nordrhein-Westfalen wird noch immer geprüft, ob Holzhäuser genehmigt werden können, die höher als zwei Stockwerke gebaut werden sollen. Liebe NRW-Beamte, bitte aufwachen! Denn Holz hat Zukunft – der Holzweg ist ein guter Weg.

Holz, sagt der österreichische Förster und Holzhausbauer *Erwin Thoma* ist »der unangefochtene Weltmeister der Vielseitigkeit.« Er plädiert für möglichst unverarbeitete Holznutzung: »Mut zum Gesicht des Holzes ist immer Mut zum Leben. Mut zum Leben trägt uns, gibt uns Vertrauen und Freiheit. Ja, es sind Landkarten des Lebens, die durch die Schichtenlinien der Jahresringe auf den Hölzern dieser Welt abgebildet sind. Es sind Bilder, die so stark an unserer Seele rühren können, weil sie so viel mit dem zu tun haben, was wir von Kind an nicht nur an Bäumen beobachten konnten. Körperliche Vergänglichkeit, das Altern, das uns schon von klein auf fasziniert: die herausquellenden Adern auf der Hand des Großvaters, die Bilder der furchig-ledrigen Haut, Farbspiele und Muster, die mit den Farben bewitterter Hölzer ineinanderfließen können ... natürliche Gesicht des Holzes singt das Lied vom Urvertrauen ins Leben, vom Kommen, vom Gehen und von der Wiederkehr.« Oder *Theodor Heuß*: »Holz ist nur ein kleines Wort, aber voller Wunder und Märchen.«

Nach dem Sturm »Lothar« an Weihnachten 1999 hat mir ein Förster in Baden-Baden erzählt: »Erst jetzt habe ich begriffen, warum wir Vielfalt in der Natur brauchen und nicht Einfalt. Nach dem Zweiten Weltkrieg haben die Franzosen als Besatzungsmacht den Schwarzwald abgeholzt. Wir Förster haben dann schnell Monokulturen angebaut, damit der Wald schnell wieder grün war. Der Sturm ›Lothar‹ hat vor allem dort zugeschlagen, wo Monokulturen waren. Dort, wo Mischwald war, ist gar nicht viel passiert.«

»Und Gott sprach: Es lasse die Erde aufgehen Gras und Kraut, das Samen bringe, und fruchtbare Bäume, die ein jeder nach seiner Art Früchte tragen, in denen ihr Samen ist auf der Erde. Und es geschah so« (Genesis 1. Mose 1,11).

Nachhaltigkeit kann nur funktionieren, wenn in einer Gesellschaft die landwirtschaftliche Basis erhalten bleibt. Das heißt:

- Felder dürfen nicht überdüngt und ausgelaugt werden; sie brauchen Zeit zum Regenerieren;
- die Essensgewohnheiten müssen sich am Ökosystem orientieren wie die Energieverbräuche;
- Wälder, Wasser, Luft und alle Ressourcen müssen nachhaltig geschützt werden.

Wo diese nachhaltige Basis fehlt oder missachtet wird, ist der langfristige Untergang vorprogrammiert. Deshalb wird kein Weg an der Ökologisierung der gesamten Landwirtschaft sowie der übrigen Wirtschaft vorbeiführen, wenn wir überleben wollen.

Die Natur kennt keine Arbeitslosigkeit

Viele Ökonomen sagen, Massenarbeitslosigkeit sei im Zeitalter der Mechanisierung und Globalisierung unser Schicksal, ja geradezu naturnotwendig. Wo aber in der Natur gibt es Massenarbeitslosigkeit? Haben Sie je einen Frosch gesehen, der arbeitslos wäre? Oder je einen Grashalm ohne Beschäftigung? Ausgerechnet *homo sapiens* steht immer hilfloser dem Problem der Massenarbeitslosigkeit gegenüber. Die Natur aber kennt nur Vollbeschäftigung. Wenn wir lernen, im Einklang mit der Natur zu arbeiten, zum Beispiel über die solare Energiewende, über die ökologische Verkehrswende, über die biologische Landwirtschaft, über ökologisches Bauen und Sanieren, über eine ökologische Wasserwende und über eine ökologische Steuerreform, die diesen Namen verdient, dann entstehen Millionen neue, zukunftsfähige Arbeitsplätze, von denen ein doppelter Segen ausgeht: ein sozialer Segen, weil mehr Arbeitslose wieder sinnvolle Arbeit finden, und ein ökologischer Segen, weil über ein ökologisches Wirtschaftswunder positive Umwelteffekte entstehen. Und außerdem werden jene Zukunftsmärkte gefördert, in denen die Exportschlager von morgen produziert werden. Nichts ist ökonomisch dümmer, als Millionen Menschen dafür zu bezahlen, dass sie nicht arbeiten!

Keine Tierart und keine Pflanzenart hat heute so sehr seinen Brutinstinkt verloren wie ausgerechnet jene Spezies, die sich selber *homo sapiens sapiens* nennt. Wir wissen noch immer zu wenig über uns selbst. Sonst würden wir keine Kriege mehr vorbereiten und nicht weiter einen Weltkrieg gegen die Natur und damit gegen uns selbst führen. Wir haben viel zu viel träges Wissen angehäuft und fruchtbares Wissen sträflich verkommen lassen. Wie aber können wir fruchtbares Wissen aktivieren? Träges Wissen tragen wir im Kopf herum, fruchtbares Wissen setzen wir in die Tat um. Aber wie?

Selbsterkenntnis führt zu Gott-Erkenntnis

Menschen werden, wenn wir als Spezies überleben wollen, lernen müssen, was Tiere oft instinktiv »wissen«: in einem Problem nicht nur ein Problem, sondern auch eine Chance für die Lösung zu sehen. Menschen, die in diesen schwierigen Übergangszeiten zum Beispiel als Unternehmer langfristig erfolgreich sein wollen, brauchen neben einer klassischen ökonomischen Kompetenz auch eine ökologische, eine spirituelle, ein ethische, eine innovative und eine kommunikative Kompetenz. Jeder Marketing-Experte weiß, wer erfolgreich sein will, muss in die Seele anderer hineinsteigen. Das gilt für eine gelingende Partnerschaft ebenso wie für ein erfolgreiches Unternehmen, erfolgreiche Politik und erst recht für erfolgreiches ökologisches Wirtschaften.

Wie aber steige ich erfolgreich in die Seele von anderen? Der Weg führt nur über die eigene Seele, über mehr Selbsterkenntnis. Und mehr Selbsterkenntnis ist Voraussetzung für Gott-Erkenntnis. Der Umweltverschmutzung ging die Innenweltverschmutzung voraus. Innen wie außen und außen wie innen!

Die Technik allein rettet uns nicht

Erfolgreiche Menschen sind lernende Menschen. Erfolgreiche Unternehmer sind lernende Unternehmer. Und erfolgreiche Politiker sind lernende Politiker. Lernen ist ein evolutionärer Prozess. Es gibt kaum etwas Schöneres, als in alle Ewigkeit lernen zu können. Lernende Menschen sind glückliche Menschen.

In den Industriestaaten gibt es seit etwa vier Jahrzehnten Umweltbewegungen und seit 30 Jahren Umweltpolitik und Umweltministerien. Ergebnis: Der Umwelt geht es immer schlechter. Ganz offensichtlich kann uns die Technik allein nicht retten. Das werden wir jetzt lernen müssen. Um den kranken Planeten wirklich zu heilen, brauchen wir eine ökologische Ethik oder eine ökologische Spiritualität. Wie aber und von wem können wir diese lernen? Von wem können wir das Lernen lernen?

Eine Frau pflanzt Reis in Bali, Indonesien..

Spirituell sein heißt lebendig sein, erfüllt mit Geist. Schöpfungsspiritualität verleiht uns Kraft für ein ökologisches Zeitalter. Schöpfungsspiritualität kann zu einer Befreiungsphilosophie und zu einer Befreiungstheologie werden.

Wer einen Gast in sein Haus einlädt, wird diesen wieder hinauswerfen, wenn er sich nicht zu benehmen weiß. So ähnlich könnte es uns ergehen, wenn wir nicht lernen, uns auf dieser Erde anständig zu benehmen.

Ehrfurcht vor der Schönheit des Kosmos ist der Anfang der Weisheit, die wir heute brauchen, um das Leben auf dieser Erde noch zu retten.

Der Schöpfer hat uns Menschen eine Gebrauchsanleitung für das Bewahren der Schöpfung mitgegeben. Sie ist in unser Herz, in unsere Seele oder in unser Gewissen eingehaucht. Dort in unserem Inneren finden wir immer die ökologische Wahrheit unseres Tuns.

Es ist ja nicht so, dass wir nicht wüssten, was wir tun. Das steht sogar täglich in den Zeitungen und wird jeden Abend im Fernsehen gezeigt. Wir wissen inzwischen alle sehr wohl, was wir tun. Wir tun aber nicht, was wir wissen. Wer also könnte uns aufwecken?

Die Schöpfung bewahren heißt zunächst, zum Schöpfer zurückzukehren – nach innen hören! Wenn wir das nicht mehr lernen, sind wir verloren. Die Rettung und Heilung muss von innen kommen. In der Schule der großen Lebensmeister können wir das Lernen lernen – bei Buddha, bei Laotse oder bei Jesus. Ihr Lebensthema war die Liebe – die Liebe zum Menschen, zu Tieren, zu Pflanzen, zur Schöpfung und zum Schöpfer. »Die Liebe ist das Atmen des Universums« (Novalis).

Zur Liebe gehört das Gebären. Meister Eckhart hat schon gefragt: »Was tut Gott den ganzen Tag lang?« Seine Antwort: »Er/sie gebiert«. Gesunde Menschen dieses Planeten sollten es Gott nachmachen und geistig Gebärende sein. Das Motto hierfür könnte lauten: Mach es wie Gott, werde Mensch. *Und sei kreativ!*

Wir können ewig über den Sinn des Universums streiten, so wie es Kosmologen wie der 2018 verstorbene *Stephen Hawking* auch tatsächlich tun. Nicht streiten können wir freilich über die Schönheit des Universums. Sie ist ein Faktum.

Wir dürfen davon ausgehen, dass sich Gott immer um uns bemüht. Gottes Geist ist lebensbejahend und lebensfreundlich. Deshalb will er unsere Augen für seine Schöpfung öffnen.

Den ökologischen Jesus entdecken

Wer im Angesicht der ökologischen Krise mit wachem Geist und offenem Herzen die Geschichte und die Geschichten Jesu im Neuen Testament liest, wird den ökologischen Jesus, eine jesuanische Öko-Ethik und die Jesus-Strategie zur Überwindung der ökologischen Krise entdecken.

Ich nenne Jesus auch deshalb ökologisch, weil er ein großer Naturbeobachter und ein noch größerer Naturpoet ist. Die Evangelien sind voll von ökologischen Jesus-Worten, voll von ökologischen Jesus-Bildern und voll von ökologischen Jesus-Geschichten.

Am Anfang braucht es Mut. Am Ende wartet Glück.

Die meisten Christen und Theologen haben aber offensichtlich vergessen, was Jesus über das Säen und Ernten, das Essen und Trinken, über Nahrung und Natur, über Wurm und Wolf, über die Vögel des Himmels und die Lilien des Feldes und über die Perlen, die man nicht vor die Säue werfen soll, gesagt hat. Der ökologische Jesus bringt neue Bilder in die Welt. Seine Theologie ist Vita-logie und Öko-logie im besten Sinne des Wortes. Jesu »Vater« ist verliebt in die gesamte Schöpfung – auch in Tiere und Pflanzen, in Wasser, Luft und Erde.

Doch was machen wir im Zeitalter der Massentierhaltung mit unseren Mitgeschöpfen, den Tieren? Ist der Mensch nicht auch ein Tier? Was sagt unser Umgang mit Tieren über uns Menschen? »Du sollst nicht töten« – gilt das nicht auch gegenüber Tieren? Werden wir eines Tages niederknien und die Tiere um Verzeihung bitten müssen für das Unrecht, das wir Menschen ihnen angetan haben? Warum haben christliche Theologen wie *Thomas von Aquin* bis ins Mittelalter behauptet – und zum Teil tun sie es noch heute –: »Tiere haben keine unsterbliche Seele«, obwohl der ökologische Jesus ein ganz enges Verhältnis zu Tieren hatte, ständig von Tieren sprach und dieses enge Verhältnis auch vorlebte? Er machte deutlich, dass alles, was lebt und wächst, auch beseelt ist: »Beachtet die Vögel des Himmels und die Lilien des Feldes. Euer himmlischer Vater sorgt auch für sie.« In nahezu allen religiösen Texten aller Religionen ist von Tieren die Rede.

Ohne jedes Moralisieren brachte *Christian Morgenstern* eine zeitgemäße, pragmatische Tierethik auf den Punkt: »Wenn der moderne Mensch die Tiere, deren er sich als Nahrung bedient, selbst töten müsste, würde die Anzahl der Pflanzenesser ins Ungemessene steigen«.

Ich verlasse mich auf Gottes Güte immer und ewig. (Psalm 52,10)

Die identische Kraftquelle aller Lebewesen – von Menschen, Tieren und Pflanzen -, die Fülle des Lebens, ist göttlich. Im alten Ägypten existierten vor 4.000 Jahren keine Tierschimpfwörter wie »Du Ochse«, »Du Schwein«, »Dummes Huhn« oder »Blöder Hund«. Das sind hauptsächlich christliche »Errungenschaften«. Vor dem Jenseitsgericht muss sich ein Toter in der Ethik der altägyptischen Gesellschaft von dem Verdacht freisprechen lassen, Tieren Leid zugefügt zu haben. Jeder Verstoß gegen die Würde des Tieres galt als Sünde. Er musste bekennen, keine Tiere misshandelt zu haben.

Wenn Astrophysiker oder Astronomen Spuren von Lebewesen oder auch nur von Wasser im Kosmos entdecken, verkünden Fernsehmoderatoren der Fernsehnation gerne: »Wir sind also nicht allein.« Haben wir schon vergessen, dass wir Menschen ohnehin nicht allein auf diesem Planeten sind, sondern diese Erde mit Millionen und Milliarden anderer Lebewesen teilen? *Wilhelm Busch* bringt unsere lang entwickelte Schizophrenie gegenüber Tieren so auf den Punkt:

Das Messer blitzt, die Schweine schrein,
man muss sie halt benutzen,
denn jeder denkt: Wozu das Schwein,
wenn wir es nicht verputzen?
Und jeder schmunzelt, jeder nagt
nach Art der Kannibalen,
bis man dereinst »Pfui Teufel« sagt
zum Schinken aus Westfalen.

Und was ist Jagd? Lustmord oder Naturschutz? Deutlich, wenn auch weniger humorvoll, wird Deutschlands erster Bundespräsident *Theodor Heuss* beim Thema Jagen und Jäger: »Jagd ist nur eine feige Umschreibung für besonders feigen Mord am chancenlosen Mitgeschöpf. Die Jagd ist eine Nebenform menschlicher Geisteskrankheit.«

Jagd ist weitgehend ein Trophäenkult. Das dazu passende deutsche Sprichwort heißt: »Solange Menschen denken, dass Tiere nicht fühlen, müssen Tiere fühlen, dass Menschen nicht denken.«

Wir haben zwar seit 1948 die von der UNO verabschiedete »Charta der Menschenrechte«, in deren Artikel 1 es heißt: »Alle Menschen sind frei und gleich an Würde und Rechten geboren. Sie sind mit Vernunft und Gewissen begabt und sollen einander im Geist der Geschwisterlichkeit begegnen«, und wir haben das deutsche Grundgesetz mit der erhabenen Feststellung: »Die Würde des Menschen ist unantastbar.« Hier steht nicht etwa: »Die Würde von deutschen Menschen ist unantastbar«, und es heißt auch nicht: »Der Mensch würde die Würde haben«, er hat sie! Aber entsprechende Tierrechte haben wir noch nicht. Sie zu formulieren und für ihre Beachtung zu sorgen, ist eine zentrale Zukunftsaufgabe.

Tierrechte, Tierschutz und Artenschutz bedingen einander. Sie sind eine zentrale Basis für die praktizierte Bewahrung der Schöpfung. Die Rechte von Tieren setzen uns Menschen auch Grenzen.

Die Sonne scheint für alle

Bei Jesus finden wir, wenn wir nur genau und sensibilisiert durch die heutige Öko-Krise hinschauen, auch die ethische Begründung für das Solarzeitalter. Mitten in seiner Bergpredigt sagt er im Matthäusevangelium: »Unser himmlischer Vater lässt seine Sonne scheinen auf böse wie auf gute Menschen.« Also für alle. Mit seinem ewig gültigen Bild von der Sonne des Vaters und dem Vater als der Sonne hinter der Sonne legt Jesus den ethischen Grundstein für das Solarzeitalter.

Wir müssen lernen, Jesu Anliegen heutig zu machen, seine Bilder zu übertragen mitten in die Probleme und Bedrängnisse unserer Zeit und ihn heimholen in unsere Wirklichkeit am Beginn des 21. Jahrhunderts.

Wir sind Geliebte Gottes.

Vor 2000 Jahren hat der junge Mann aus Nazareth gelehrt: Wer staunen, lieben und lernen kann, gehört zu den Gesegneten dieser Erde. Er lehrte uns, dass es dank der Schöpfung des »Vaters« auf dieser Erde für jedermanns Bedürfnisse reicht, nicht aber für jedermanns Habgier. Nicht anders ist seine »wunderbare Brotvermehrung« zu verstehen. Die Basis und Tiefe jesuanischer Öko-Ethik ist sein Vertrauen in die gute Schöpfung des guten Vaters für alle.

Die Kirche hat uns gelehrt, dass wir alle mit der »Erbsünde« auf diese Welt kommen. Jesus aber hat unentwegt davon gesprochen, dass wir Geliebte und Gesegnete seien. Wer die ökologischen Bilder in den Geschichten und Gleichnissen Jesu tief in seinem Innern bedenkt, lernt Lebenslust und Lebensfreude und wird viel Energie und Vertrauen in die Schöpfung und ihre Zukunft entwickeln.

Jesus hat vor 2000 Jahren in seinen Geschichten vom Sämann und Acker, vom »Wasser des Lebens« und vom »Wunder des Wachsens« eine spirituelle Ökologie entwickelt und gelebt. In dieser Jesus-Strategie sehe ich *das* Überlebensprogramm für das neue Jahrtausend. Jesus war so sehr Ökologe wie Theologe – seine Ökologie ist eine Tiefenökologie, die heute endlich die vielen technischen Umweltfortschritte mit einer zeitgemäßen Überlebensethik verbinden und einzig dadurch den Durchbruch zu einer ökologischen Wirtschaft schaffen könnte. Die Umweltbewegung und Umweltpolitik bedürfen einer ökologischen Ethik, und die Ethik muss endlich ökologisch werden.

Die bisherige christliche Theologie hat 2000 Jahre darauf geachtet, dass ihr nie ein Huhn durch die Wissenschaft trippelt oder auch nur ein einziger Baum darin herumsteht. Im Zeitalter der ökologischen Krise wird aber jede Religion ohne ökologische Ethik so langweilig, wie die Ökologie-Bewegung ohne ethische Dimension letztlich erfolglos bleiben muss und über Modelle nicht hinauskommt. Gelebte Spiritualität und erfolgreiche Umweltpolitik bedingen einander.

Wir Heutigen leben auf Kosten künftiger Generationen. Wir verbrennen die Zukunft unserer Kinder und zerstören die Seele unseres Planeten. Wir verbrennen heute an *einem* Tag so viel Kohle, Gas und Erdöl, wie in einer Million Tagen »gewachsen« sind. Wir benehmen uns energetisch eins zu einer Million Mal gegen die Gesetze der Natur.

Die Jesus-Strategie aber sieht Auswege selbst in scheinbar ausweglosen Situationen. Der verlorene Sohn wird von seinem Vater voller Freude aufgenommen. Das heißt: Umkehr und Wandel sind immer und grundsätzlich möglich. In der größten Krise liegt immer und zugleich die größte Chance, lehrt der ökologische Jesus: »Wer Gott vertraut, dem ist alles möglich« (Markus 9,23). Nach Jesus verbirgt sich hinter jedem Schleier der Nacht ein strahlender Morgen. Welch ein Hoffnungspotenzial für eine bessere Zukunft! Hoffnung, so kann man lernen vom ökologischen Jesus, ist die wichtigste Zukunftsressource. Allerdings: Jesu »Vater« hat nur unsere Hände.

Jesu Hinweise, dass wir immer nur ernten können, was wir säen, heißt für die heutige Landwirtschaftspolitik: Wer Chemie sät, erntet das Gift in seinen Produkten. Wer aber ökologische Landwirtschaft betreibt, dem

Himba-Kinder in Namibia.

gehört die Zukunft. Oder auch: Wer Atomkraftwerke baut, wird Atomunfälle ernten. Wer aber Sonne, Wind, Wasser und nachwachsende Rohstoffe als Energieträger nutzt, wird sichere, preiswerte, umweltfreundliche und klimaverträgliche Energie ernten.

Jesus spricht von Blumen und Brot, vom Backen und Bauen, von der Erde und den Engeln, von Frucht und Frieden, von Geburt und Geld, von Gott und Gras und Geist, von Hecken und den Herden, von Leben und Licht, von Nahrung und Nattern, von Sonne, Sand und Senfkorn, von Regen, Reben und Reifen, vom Sämann, von Samen und vom Sauerteig, vom Schaf und Säugling, vom Sterben und von den Strömen lebendigen Wassers, von der Umkehr, vom Verstehen und Versöhnen, vom Verwüsten und von den Vögeln, vom Wachsen und Wundern, von Wein und Weiden, von der Weisheit und vom Weizen, von der Wurzel und von der Wüste.

Und dieser Jesus, der in diesen Bildern sprach, soll nicht ökologisch sein? Das können nur eine total von der Natur und dem Leben entfremdete und verkopfte Theologie und eine fast belanglos gewordene Kirche behaupten.

Der ökologische Jesus macht deutlich: Gott spiegelt sich in seiner Schöpfung. Die Natur ist die wahre Offenbarung seines schöpferischen Vaters. Die Natur wird denen treu sein, die dem ökologischen Jesus und seinem Vater vertrauen. Jesus macht uns auf materielle, psychische und geistige Naturgesetze aufmerksam, die heute zu Überlebensgesetzen geworden sind.

Religion im Sinne des ökologischen Jesus ist kein Buchstabenglaube und keine Gesetzestreue, sondern hochgradig empfänglich gewordenes Bewusstsein des Göttlichen in uns und Offenheit für das Göttliche um uns.

Das Jahrtausend der Ökologie beginnt

Von Jesus und von Buddha können wir lernen: Eine neue Epoche, ein Jahrtausend der Ökologie beginnt, wenn wir die Metaphysik der Religionen verbinden mit den neuen Technologien für eine bessere Umwelt. Es geht um die Integration von Ethik und Technik. Der Schluss dieses Buches soll eine Liebeserklärung an die Zukunft sein. Ich orientiere mich dabei an dem einzigartigsten Menschen unserer Geschichte.

Der pazifistische Jesus der Bergpredigt ist ein ökologischer Jesus. In einer Zeit, in der wir Krieg gegen die Natur führen, gilt es, die doppelte Botschaft der jesuanischen Ökologie zu erkennen: Kein Frieden mit der Natur ohne Frieden unter den Menschen; aber auch: Kein Frieden unter den Menschen ohne Frieden mit der Natur. Spätestens jetzt im Zeitalter der globalen ökologischen Krise, im Zeitalter der Klimazerstörung, des Artensterbens und des Waldsterbens, des Ozonlochs, der Ausbreitung der Wüsten und des weltweiten Korallensterbens wird deutlich: Frieden ist mehr als das Schweigen der Waffen und das Verschrotten von Waffen. Es gibt keinen Frieden ohne Frieden mit der Natur. Die Jesus-Strategie ist eine Natur-Strategie. Wer von dieser Erkenntnis tief in seiner Seele erfasst wird und nach dieser Analyse eine Therapie in der Bergpredigt sucht, wird eine be*geist*ernde Wirkung und Erfahrung erleben. Und diese Be*geist*erung wird sich auswirken auf Mitwelt und Umwelt. Die Politik der Bergpredigt ist wegweisend für eine sozialökologische, friedliche und gerechte Politik im 21. Jahrhundert. Erst eine konsequente Umweltpolitik schafft die Voraussetzung für eine Welt ohne Armut.

Ein tiefes Verstehen des ökologischen Jesus wird revolutionäre Folgen haben. Seine Lehre und sein Leben handeln von der Heiligkeit der Schöpfung, das heißt vom Heil-Sein und Wieder-Heil-Werden der Natur. Die heilige, das heißt unbeschädigte Schöpfung: das sind Schweine ohne Schweinepest, Rinder ohne Rinderwahn, Menschen ohne umweltbedingte Allergien und ohne Hautkrebs durch das Ozonloch. Heilige Schöpfung: Das ist reines Wasser und saubere Luft, gesunde Wale und wirklicher Wald. Die Menschen wollen, dass Bauern und nicht Tec-Konzerne ihre Lebensmittel produzieren.

Jesus redet und handelt in der Überzeugung: Wer Menschen Vertrauen zu sich selbst schenkt, verzehnfacht ihre Kraft und ihren Mut, ihre persönliche, gesellschaftliche, aber auch ihre politische Kraft. In der Spur des ökologischen Jesus lernen wir zu fragen: Wer soll denn überhaupt etwas ändern, wenn nicht ich? Wann, wenn nicht jetzt? Und wo, wenn nicht hier?

In Markusevangelium sagt Jesus: »Mit der neuen Welt Gottes ist es wie mit der Saat und dem Bauern: Hat der Bauer gesät, legt er sich nachts schlafen, steht morgens wieder auf – und das viele Tage lang. Inzwischen geht die Saat auf und wächst; wie, das versteht der Bauer selber nicht. Ganz *von selbst* lässt der Boden die Pflanzen wachsen und Frucht bringen. Zuerst kommen die Halme, dann bilden sich die Ähren, und schließlich füllen sie sich mit Körnern. Sobald das Korn reif ist, fängt der Bauer an zu mähen; dann ist Erntezeit« (Markus 4,26–29).

Das hier so selbstverständlich gesprochene »von selbst« ist der entscheidende Beweger aller Naturvorgänge. Dieses schöpferische Geschehen ist das Gegenteil des menschlichen Machens und Müssens. Hier herrscht göttliche Souveränität und nicht menschlicher Wille oder menschliches Wollen.

Empfangen lernen

Die Sonne scheint »von selbst«, der Wind weht »von selbst«, das Wasser fließt »von selbst« und reinigt sich »von selbst«, und Bäume und Pflanzen wachsen »von selbst« – wir müssen nur empfangen lernen, was die Natur uns weitgehend kostenlos zur Verfügung stellt.

Diese eher weibliche Tugend des Empfangens fällt uns Männern besonders schwer. Und Männer bestimmen noch immer die Entwicklung der Industriegesellschaften. Wir Männer aber wollen eher machen, machen, machen! Aber die kostenlosen Energieträger Sonne, Wind und Wasser, die wir wie »von selbst« empfangen können, liefern uns Energie von einer ganz neuen Qualität – nämlich ohne Folgeprobleme wie nicht entsorgbarer Atommüll, verpestete Luft, vergiftetes Wasser, sterbende Wälder und saure Böden.

Diese neue und ganz andere »jesuanische Energiepolitik« sorgt »wie von selbst« für eine ökologische Wirtschaft, für Millionen zukunftsfähige neue Arbeitsplätze und für eine gesunde Umwelt. Jesus war kein Verzichtsapostel. Er postuliert im Gegenteil die »Fülle des Lebens« und ein »Leben im Überfluss« (Johannes 10,10). Sein ganzes Wollen lässt sich so zusammenfassen: Liebe das Leben und lebe die Liebe, dann erfährst du die Fülle des Lebens. Wenn bisher galt: Macht euch die Erde untertan, so soll jetzt gelten: Macht euch *der* Erde untertan!

Das Mitfühlen mit *allem* Leben ist der Kern der jesuanischen Botschaft. Sein »seid barmherzig« heißt: Fühlt mit dem Leben – selbstverständlich auch mit Tieren und Pflanzen. Alle Kultur ist für Jesus Erweiterung und Vertiefung des Bewusstseins für *alles* Leben.

Ohne innere Transformation wird technischer Fortschritt nicht viel nutzen. Auschwitz war die Bankrotterklärung des Christentums während der Nazizeit, die Religion des ökonomischen Wachstums ist es heute.

Der ökologische Jesus begründet die Hoffnung auf ein weltweites ökologisches Wirtschaftswunder im Gleichgewicht mit der Natur. Wenn wir heute von Weltpolitik und Weltwirtschaft sprechen, von Weltreligionen und von weltweitem Klimaschutz, dann wird auch die Moral global werden müssen. Vor allem Jesus und Buddha sind Wegweiser einer globalen ökologischen Ethik, ohne die sich nichts wesentlich ändern wird. Im Geist des ökologischen Jesus müssen freilich nicht alle Umweltschützer Christen, wohl aber alle Christen Umweltschützer sein.

Evolution heißt Transformation, Veränderung, Wandel und Zukunft.

Ich zeige Mitgefühl, also bin ich

Buddha und Jesus waren die ersten Global Players. Die globalisierte Wirtschaft ruft nach einer globalen Moral: »Du sollst nicht stehlen«, »Du sollst nicht lügen«, »Du sollst nicht töten«. Das sind – nach *Hans Küng* – die Grundpfeiler einer globalen Ethik. Danach sind Naturzerstörung und Kriege nichts anderes als Massenmord, Ausbeutung und Diebstahl. Der Krieg ist die Krankheit, aber niemals die Lösung!

Der ökologische Jesus lädt ein zu einem Quantensprung in ein »neues Leben«. Er ist eine große Vision, eine große Idee, ein großes Feuer und eine große Arbeit für das 21. Jahrhundert, eine Transformation für die ganze Welt!

Die Ästhetik der Fotografien dieses Buches kann uns lehren, was *Friedrich Hölderlin* so aussprach: »Das Schönste ist auch das Heiligste.«

Wenn wir lernen, das Leben und die Schöpfung wirklich zu lieben, dann werden wir weder uns noch die Schöpfung weiter zerstören. Wenn wir den Klimawandel stoppen wollen, brauchen wir genau diesen Bewusstseinswandel.

Wir Menschen haben Eiszeiten überlebt und schreckliche Kriege, Diktaturen und furchtbare Seuchen, Hitler und Stalin. Es ist ein Wunder, dass wir noch hier sind. Hiersein, hier *Sein* ist der Sinn unserer Existenz. Wir können also noch was tun. Die Zukunft war immer offen, und sie wird es bleiben. Wir leben heute in einer Welt, die – trotz aller Probleme – besser ist als alle früheren: Weniger Menschen hungern als noch vor 50 Jahren, mehr Kinder gehen zur Schule als je zuvor, es gab noch nie so viel Wohlstand wie heute. Trotz aller Kriege: Es gab noch nie so wenig Gewalt wie in unserer Zeit. Demokratie, Gewaltenteilung, Justiz, Menschenrechte sind Fortschritte, von denen Generationen vor uns nur geträumt haben.

Wir sind transformationserfahren. Deshalb können wir auch an einer guten Zukunft arbeiten. Wir müssen es nur wirklich wollen. Wir alle sind Teil der Probleme unserer Zeit. Wir alle können aber auch Teil der Lösung werden. Die große Transformation erfordert eine ganz Reihe von Wenden: solare Energiewende, ökologische Verkehrswende, biologische Landwirtschaftswende, regionale Wasserwende, nachhaltige Waldwende, gerechte Ressourcenwende, intelligente Forschungswende, sich auf die Zyklen und Rhythmen der Natur einlassen.

Wir sind wohl die erste Generation, welche die Notwendigkeit all dieser Wendemanöver erkannt hat, wahrscheinlich aber auch die letzte, welche sie noch grundlegend ändern kann. Die notwendige Transformation ist die größte Herausforderung der heute lebenden Generationen.

Nichts bleibt, wie es ist. Der Philosoph, Mathematiker und politische Berater *Gottfried Wilhelm Leibniz* (1646–1716) war einer der einflussreichsten Gelehrten

Rotmützen Novize in Tibet.

der frühen Aufklärung vor etwa 300 Jahren. Er wusste: »Die Gegenwart ist aufgeladen mit Vergangenheit – und geht schwanger mit der Zukunft.« Eine bessere Welt ist nicht nur möglich, sie ist auch schon im Werden.

Was könnte das für zukunftsfähige politische Parteien heißen? Schnappt euch bei der nächsten Regierungsbildung das Energie-, Bau-, Verkehrs- und Landwirtschaftsministerium und gestaltet nachhaltige Politik für die nächsten Generationen. Plant und organisiert das solare Zeitalter.

Hilfreich ist, wenn wir weniger auf zukünftiges Unheil starren, sondern handeln und etwas Neues bauen. Ökologisch umsteuern ist auch wirtschaftlich das Klügste, was wir heute tun können. Bischof *Heinrich Bedford-Strohm* schlägt vor, »Kathedralen der Hoffnung« zu bauen. Jede angewandte Technologie für die Energiewende ist ein Zeichen der Hoffnung. Für die Welt unserer Kinder und Enkel. Es kommt kein Held, der unsere Probleme löst. Das müssen wir schon selber tun.

Ich zeige Mitgefühl, also bin ich.

Wenn wir mit unseren Kindern und Enkeln wirklich Mitgefühl haben, wenn wir sie wirklich lieben, dann können wir sie nicht länger der Todesgefahr durch den Klimawandel aussetzen. Deshalb ist dieses Buch mit seinen Lösungsvorschlägen eine Liebeserklärung an die Zukunft. Es liegt an uns, die höchste Form bisheriger menschlicher Kreativität zu entfalten und Ökonomie, Ökologie und Gerechtigkeit gemeinsam in einer ökosozialen Marktwirtschaft zu entwickeln. Freude am Leben ist die Basis einer neuen Menschlichkeit. In einer Gesellschaft der offenen Arme helfen wir einander, um uns selbst besser zu verstehen. Wir können unsere heutige Ich-Gesellschaft weiterentwickeln zu einer Wir-Gesellschaft. Das wäre ein fundamentaler Beitrag zur Bewahrung der Schöpfung.

Mein Wunsch für uns alle: Bleiben wir erneuerbar. Alle Probleme, die Menschen geschaffen haben, sind auch von Menschen lösbar. Das ist einfach logisch, schöpfungslogisch.

Unsere Zukunft ist kein blindes Schicksal, sie ist gestaltbar.

Ajako aus Thule ist einer der letzten vom Aussterben bedrohten Polareskimos, Nordgrönland.

→ *Dieses Foto, aufgenommen im Dezember 1972 im Rahmen der Apollo-17-Mission, ist das einzige Bild von der Erde, das unseren Planeten im vollen Licht zeigt, weil die Sonne genau hinter der Raumkapsel stand. Quelle: NASA.*

Botschaft aus dem Weltraum

Die Botschaft aus dem Weltraum

Der ESA-Astronaut Alexander Gerst hat während seiner Mission »Horizonte« im Jahr 2018 eine Nachricht in deutscher Sprache an seine zukünftigen Enkelkinder vom Observatorium Cupola der Internationalen Raumstation abgegeben. Obwohl diese Nachricht an seine Nachkommen gerichtet ist, gilt sie für uns alle. Jeder sollte zum Schutz und zur Verbesserung dieses Planeten beitragen, den wir Zuhause nennen. Alexanders Botschaft lautet wie folgt:

»Liebe Enkelkinder,
Ihr seid noch nicht auf der Welt, und ich weiß noch nicht, ob ich Euch jemals treffen werde, deshalb hab ich beschlossen, Euch diese Nachricht hier aufzuzeichnen, ich befinde mich gerade auf der internationalen Raumstation im Cupola-Aussichtsmodul und schaue auf Euren wunderschönen Planeten runter. Und obwohl ich bis jetzt schon fast ein Jahr im All verbracht habe und an jedem einzelnen Tag da runtergeschaut habe, kann ich mich einfach nicht daran sattsehen. Ich weiß, es hört sich für Euch vermutlich komisch an, aber zu der Zeit, als die ISS gebaut wurde und hier oben im Orbit war, konnte noch nicht jeder Mensch in den Weltraum reisen und die Erde von außen sehen. Vor mir waren's gerade mal um die 500 Menschen, und im Moment leben da unten 7 Milliarden Menschen auf diesem Planeten. Und nur drei Einzelne davon leben im Weltraum. Und wenn ich so auf den Planeten runterschau, dann denke ich, dass ich mich bei Euch wohl leider entschuldigen muss. Im Moment sieht es so aus, als ob wir, meine Generation, Euch den Planeten nicht gerade in dem besten Zustand hinterlassen werden.

Im Nachhinein sagen natürlich immer viele Leute, sie hätten davon nichts gewusst, aber in Wirklichkeit ist es uns Menschen schon sehr klar, dass wir im Moment den Planeten mit Kohlendioxid verpesten, dass wir das Klima zum Kippen bringen, dass wir Wälder roden, dass wir die Meere mit Müll verschmutzen, dass wir die limitierten Ressourcen viel zu schnell verbrauchen und dass wir zum Großteil sinnlose Kriege führen.

Und jeder von uns muss sich da natürlich an die eigene Nase fassen und sich überlegen, wohin das gerade führt. Ich hoffe sehr für Euch, dass wir noch die Kurve kriegen und ein paar Dinge verbessern können, und ich würde mir wünschen, dass wir nicht bei Euch als die Generation in Erinnerung bleiben, die Eure Lebensgrundlage egoistisch und rücksichtslos zerstört hat.

Ich bin mir sicher, dass Ihr die Dinge inzwischen sehr viel besser versteht als meine Generation, und wer weiß, vielleicht lernen wir ja auch noch was dazu. Dass ein Blick von außen immer hilft. Dass dieses zerbrechliche Raumschiff Erde sehr viel kleiner ist, als die allermeisten Menschen sich das vorstellen können. Wie zerbrechlich seine Biosphäre ist und wie limitiert seine Ressourcen. Dass es sich lohnt, mit seinen Nachbarn gut auszukommen. Dass Träume wertvoller sind als Geld. Und dass man ihnen eine Chance geben muss. Dass Jungen und Mädchen Dinge genauso gut können, aber dass doch jeder von Euch eine Sache hat, die er besser kann als alle anderen. Dass die einfachen Erklärungen oft die falschen sind und dass die eigene Sichtweise eigentlich immer unvollständig ist. Dass die Zukunft wichtiger ist als die Vergangenheit und dass man niemals ganz erwachsen werden soll. Dass Gelegenheiten immer nur einmal kommen. Und dass man für Dinge, die es wert sind, auch mal ein Risiko eingehen muss. Dass ein Tag, an dem man was Neues entdeckt hat, über seinen Horizont hinaus geschaut hat, ein guter Tag ist.

Ich wünschte mir, ich könnte durch Eure Augen in die Zukunft schauen, in Eure Welt und wie Ihr sie seht. Das geht leider nicht, und deswegen ist das Einzige, was mir bleibt, zu versuchen, Eure Zukunft möglich zu machen. Und zwar die beste, die ich mir vorstellen kann.«

Internationale Raumstation, Kommandant der Expedition 57, Alexander Gerst, 25. November 2018, 400 Kilometer über der Erdoberfläche

Quelle: https://youtu.be/4UfpkRFPIJk

Eine Antwort von der Erde

Alexander Gerst wird für seine Rückkehr von der ISS in den Medien gefeiert. Von der Raumstation hatte er eine Botschaft an seine (noch ungeborenen) Enkelkinder geschickt. Doch diese könnten ihm eine unerwartet kritische Antwort fürs neue Jahr mitgeben – etwa als Neujahrsbrief für Astro-Alex von seinem fiktiven Enkel:

»Lieber Opa Alex, schön für Dich, dass Du Dir Deinen Kindheitstraum vom Flug zu den Sternen mit all den Erdumkreisungen hast erfüllen können. Und danke für Deine Botschaft aus der ISS, dass alle Menschen für ihre Kinder und Enkel die Erde zu einem besseren Zuhause machen sollten.

Aber leider ist Dir wohl nicht klar, dass auch Eure Weltraumfliegerei dazu beiträgt genau das zu verhindern? Wem bringt die denn wirklich etwas? Zum Beispiel das Steinchen-Sammeln auf dem Mond und auf Asteroiden. Nutzt das den vielen Armen, die immer ärmer werden, oder den wenigen gierigen Reichen, damit sie immer reicher werden? Oder den Politikern, die mit Euren Erfolgen protzen und die vom ›Krieg der Sterne‹ träumen? Über 50 Milliarden Dollar habt Ihr schon verpulvert, um Wasser auf dem roten toten Mars zu finden. Dabei sterben auf der blauen lebensfreundlichen Erde immer noch tagtäglich viel zu viele Menschen mangels sauberem Wasser. Findest Du das richtig? Interessiert Dich das nicht, weil Du sternensüchtig bist? Hast Du denn wenigstens ein klein bisschen ein schlechtes Gewissen?

Du und Deine Kumpels, Ihr greift mit einem Riesenaufwand nach den Sternen. Doch unsere Welt hat wirklich andere, handfeste Probleme, die dringend gelöst werden müssen, wenn sie uns nicht auf die Füße fallen sollen. Schau Dir alleine mal die Millionen Menschen an, die ihre Heimat verlassen müssen, weil ihnen dort das Nötigste zum Leben fehlt. Ihr könntet viel erreichen mit all Eurer wissenschaftlichen Findigkeit und mit dem ganzen Geld, wenn Ihr es nicht ins All schießt. Du weißt schon: Wasser, Nahrung, Bildung, Familienplanung, Klimaschutz, Frieden usw. Strengt Euch lieber da mal an und beweist damit, dass wir Euch wirklich wichtig sind!

Und kommt uns bitte nicht mit Ausreden wie ›Ohne die ganze Weltraumfahrt gäbe es keine Computer und keine moderne Forschung‹ und all so was – Du weißt, dass das nicht stimmt. Lernt doch endlich mal, dass wir zwar Satelliten zur Wettervorhersage brauchen, aber nicht solche für das Fernsteuern ›intelligenter Bomben‹. Und dass wir ganz gut auf prestigeträchtige Mond- und Marsstationen verzichten können, nicht aber auf klimafreundlichen Strom. Eure kindliche Neugier finden wir schon gut. Aber nur dann, wenn sie für alle Menschen echte Vorteile bringt.

Sei uns nicht böse, dass wir vieles von dem, was Ihr da oben tut, nicht so toll finden können. Ihr seid einfach zu früh dran mit Euren Weltall-Eroberungsträumen. Macht doch erst mal Eure Hausaufgaben hier auf der Erde, bevor Ihr nach draußen zum Spielen geht. Das müssen wir ja schließlich auch.

In diesem Sinne, lieber Opa Alex, einen nachdenklichen Jahresanfang!

Deine Enkel und Urenkel«

Verfasst vom Wasserexperten und Umweltforscher Dr. Hans Otto Wack im Dezember 2018

Literatur

Franz Alt, Der ökologische Jesus – Vertrauen in die Schöpfung, Goldmann 2003

– Was Jesus wirklich gesagt hat – Eine Auferweckung, Gütersloher Verlagshaus 2015

– Lust auf Zukunft – Wie unsere Gesellschaft die Wende schaffen wird, Gütersloher Verlagshaus 2018

Robert E. Emmons, Das kleine Buch der Dankbarkeit, Wilhelm Heyne Verlag 2018

Felix und Freunde, Baum für Baum – Jetzt retten wir Kinder die Welt

Matthew Fox, Schöpfungs-Spiritualität – Heilung und Befreiung für die Erste Welt, Kreuz-Verlag 1991

Stephen Hawking, Kurze Antworten auf große Fragen, Klett-Cotta 2018

Jörg Heynkes, Zukunft 4.1 – Warum wir die Welt nur digital retten oder gar nicht, Eigenverlag 2018

Harald Lesch und **Klaus Kamphausen**: Wenn nicht jetzt, wann dann?, Penguin-Verlag 2018

Sächsische Hans-Carl-von-Carlowitz-Gesellschaft, Nachhaltigkeit als Verantwortungsprinzip – Carlowitz weiterdenken, Oekom-Verlag 2018/2019

Auf www.sonnenseite.com von Bigi und Franz Alt gibt es täglich neue Informationen über vorbildliche Zukunftsprojekte aus der ganzen Welt.

Textnachweis

Der Text *Am Anfang war das Geschenk* auf S. 54–55 ist entnommen aus: Matthew Fox, Schöpfungs-Spiritualität © 1993 Kreuz Verlag in der Herder GmbH, Freiburg i.Br.

Der Text *Die Botschaft aus dem Weltraum* auf Seite 140 ist entnommen aus: »Alsfelder Allgemeine« vom 26.12.2018

Zitaten aus Bibeltexten ist in der Regel die Lutherbibel (1912) zugrunde gelegt und sprachlich leicht an heutiges Deutsch angepasst.

Zu Autor und Fotograf

Helfried Weyer ist deutscher Fotograf mit einem Schwerpunkt auf Natur und Landschaften. Er hat die ganze Welt bereist und den Jakobsweg im Süden Europas ebenso fotografiert wie den Olavsweg im Norden. Mit Reinhold Messner war er in der Arktis, mit Karlheinz Böhm in Äthiopien. Er ist als Autor zahlreicher Veröffentlichungen und für seine Vorträge bekannt.

Dr. Franz Alt ist Journalist und Buchautor. Er wirkte viele Jahre für das Fernsehen, vor allem für den SWR 1968 bis 2003, und ist der am meisten ausgezeichnete deutsche Fernsehjournalist. Seine Bücher sind in vierundzwanzig Sprachen publiziert und erreichen Millionenauflagen. Seit Jahrzehnten tritt der politisch engagierte Denker für ein neues ökologisches Bewusstsein ein.

VERLAGSGRUPPE PATMOS

PATMOS
ESCHBACH
GRÜNEWALD
THORBECKE
SCHWABEN
VER SACRUM

Die Verlagsgruppe
mit Sinn für das Leben

MIX
Papier aus verantwortungsvollen Quellen
FSC® C010798
www.fsc.org

Für die Verlagsgruppe Patmos ist Nachhaltigkeit ein wichtiger Maßstab ihres Handelns. Wir achten daher auf den Einsatz umweltschonender Ressourcen und Materialien.

Verlagsgruppe Patmos in der Schwabenverlag AG, Ostfildern
www.patmos.de

Gesamtgestaltung: Finken & Bumiller, Stuttgart
Alle Fotografien Umschlag und Innenteil: © Helfried Weyer 2019
Druck: Graspo CZ, a. s.
Hergestellt in Tschechien
ISBN 978-3-8436-1140-4

FOTO AUF DEM UMSCHLAG:
Eisbär im Kaiser-Franz-Joseph-Land, Russland.
Eisbären laufen über große Distanzen von Scholle zu Scholle, notfalls überbrücken sie auch schwimmend offenes Wasser. Sie leben von Robben, die sich neben ihren Atemlöchern gerne auf dem Eis sonnen. Durch den Klimawandel gibt es in der Arktis immer weniger Schollen, die Eisbären zum Überleben brauchen.